China Energy & Electricity Outlook

中国能源电力发展展望

2018

国网能源研究院有限公司　著

中国电力出版社
CHINA ELECTRIC POWER PRESS

图书在版编目（CIP）数据

中国能源电力发展展望 . 2018 / 国网能源研究院有限公司著 . —北京：中国电力出版社，2018.11 (2018.12 重印)

ISBN 978-7-5198-2677-2

Ⅰ . ①中… Ⅱ . ①国… Ⅲ . ①能源发展－研究－中国－ 2018 ②电力发展－研究－中国－ 2018

Ⅳ . ① F426.2 ② F426.61

中国版本图书馆 CIP 数据核字 (2018) 第 265317 号

出版发行：中国电力出版社

地　　址：北京市东城区北京站西街 19 号（邮政编码 100005）

网　　址：http://www.cepp.sgcc.com.cn

责任编辑：刘汝青（010-63412382）　关　童

责任校对：黄　蓓　常燕昆

装帧设计：王英磊　永诚天地

责任印制：吴　迪

印　　刷：北京瑞禾彩色印刷有限公司

版　　次：2018 年 11 月第一版

印　　次：2018 年 12 月北京第二次印刷

开　　本：889 毫米 ×1194 毫米　16 开本

印　　张：5.75

字　　数：124 千字

定　　价：98.00 元

中国能源电力发展展望 2018

编委会

主　任　张运洲

委　员　吕　健　蒋莉萍　柴高峰　李伟阳　李连存　张　全　王耀华

　　　　郑厚清　单葆国　马　莉　郑海峰　代红才　鲁　刚　韩新阳

　　　　李琼慧　张　勇　李成仁

编写组

组　长　代红才

主笔人　张　宁　邢　璐

成　员　李苏秀　刘　林　赵芸淇　菅泳仿　张　栋　孔维政　王　雪

　　　　徐晓阳　毛吉康　汤　芳　陈　昕　卢　静　赵留军　姜怡喆

　　　　苗中泉　孙　志　谭显东　元　博　张富强

PREFACE
前　言

当前，中国经济已由高速增长阶段转向高质量发展阶段，正处在转变发展方式、优化经济结构、转变增长动力的攻关期，资源高效利用、技术进步、体制机制创新等日益成为产业转型升级、经济社会可持续发展的重要动力。能源高质量发展对我国经济高质量发展至关重要，构建清洁低碳、安全高效的现代能源体系势在必行。能源生产与消费模式的变革、能源供应结构的优化、能源系统效率的提升、能源安全保障能力和服务质量的提高等，使得我国能源发展逐步从总量扩张向提质增效转变，以解决能源生产供应不平衡不充分的问题，满足人民对安全优质、经济便捷、清洁智能的能源供应的美好生活需要。

在中国经济高质量发展、能源发展提质增效的新形势下，国网能源研究院基于能源和电力领域的长期研究，汇集各界专家智慧，借助自主开发的模型工具，以新时代能源革命的战略思想为引领，立足于能源中长期发展方向、发展方式、发展动力深刻调整的新格局，应用源－网－荷－储协调等新理论和现代分析决策新技术，深入分析和展望能源及电力系统发展趋势。

本报告延续 2017 年度的分析思路与写作风格，对常规转型和再电气化两种情景下我国能源和电力从当前到 2050 年的转型路径进行了展望和比较。为有效支撑新时代中国特色社会主义发展的"两阶段"战略，本年度报告将 2035 年和 2050 年作为展望分析的重点水平年。同时，本年度增设了专题研究，对能源互联网功能特征、煤炭消费减量化、能源高质量发展实现路径等热点话题展开了分析研究，以期为中国能源电力发展的中长期路径选择提供参考与建议。

本书共分为 4 章，第 1 章由邢璐、张宁主笔，第 2 章由邢璐、李苏秀主笔，第 3 章由张宁主笔，第 4 章由张宁、李苏秀、邢璐主笔。全书由代红才统稿，刘林、赵芸淇、菅泳仿、孙志校核。

研究过程中得到了国家电网有限公司研究室、国家应对气候变化战略研究和国际合作中心、国家发展和改革委员会能源研究所、美国劳伦斯伯克利国家实验室、中国石油经济技术研究院、中国社会科学研究院、国务院发展研究中心等机构的多位专家支持和帮助，在此表示衷心感谢！

由于水平所限，疏漏和不足在所难免，欢迎专家学者批评指正。限于篇幅，本书主要关注中国能源和电力中长期发展情景，对于具体部门、区域、能源品种等问题的分析未全面展开，涉及的数据、模型、参数等未详细列出，欢迎有兴趣的读者联系和交流。

著者

2018 年 11 月

CONTENTS
目 录

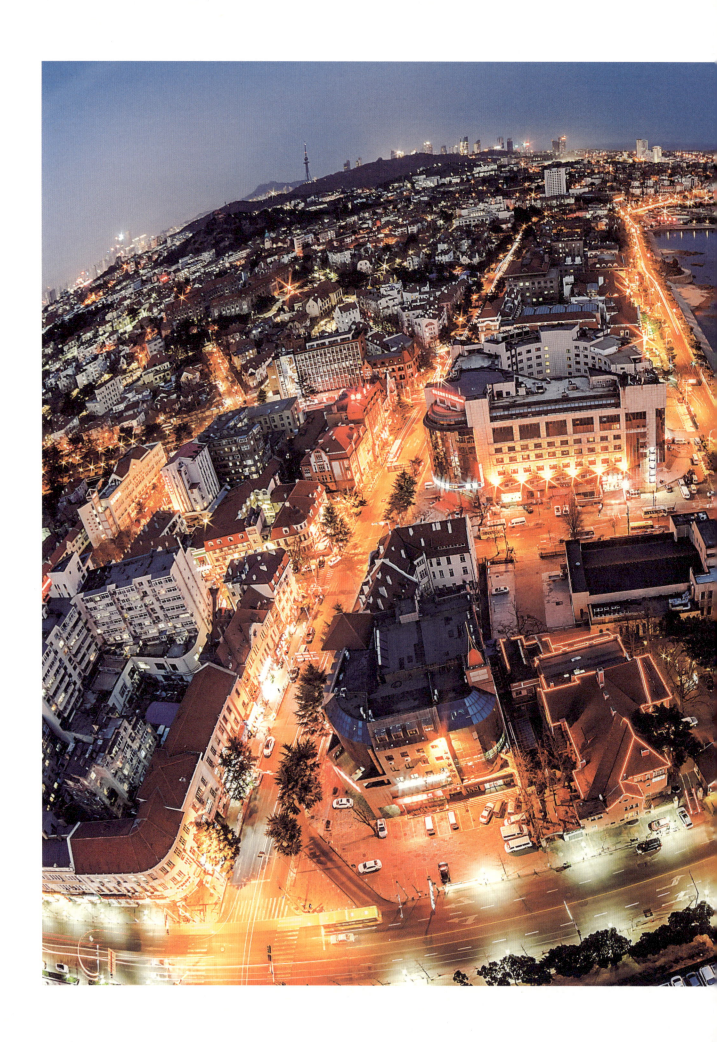

1 中国能源电力发展情景

1.1 情景设置

党的十九大开启了中国特色社会主义新时代，作出了建设社会主义现代化强国、全面实现"两个一百年"奋斗目标的战略安排，要求转变发展方式、优化经济结构、转换增长动力，实现我国经济发展由高速增长向高质量发展转变。为支撑现代化经济体系建设，适应世界能源转型大潮流，中国正在经历着一场深刻的能源生产与消费革命，处于加速构建清洁低碳、安全高效能源体系的战略转型期。这是新时代、新使命、新征程赋予能源行业的新任务，科学的能源中长期发展战略路径则是落实这一历史性任务的纲，纲举方能目张，本报告拟通过设置不同的能源转型发展情景来观察未来我国能源发展的可能路径。

考虑天然气供应的不确定性以及到21世纪中叶实现"净零排放"的全球碳减排目标，中国能源转型的实现需要大规模开发利用清洁能源并提高电能在终端能源消费中的比重，通过"电气化"和"电力部门脱碳"双管齐下，构建以电为中心的现代能源体系，开启"再电气化"发展新阶段。"再电气化 + 新一代电力系统"，将是推动能源清洁低碳转型的重要路径，因此，本研究立足于经济高质量发展新趋势和能源变革发展新格局，以提高能效水平和调整用能结构为基础，以电气化和清洁能源发展为重点构建未来发展情景，深入刻画电力在中国能源转型过程中的作用和影响。**本报告设置了两个典型的转型情景，一个是各类转型措施实施力度相对均衡的常规转型情景，另一个是电气化水平更快提高和清洁能源加速发展的再电气化情景。**

常规转型情景下，常规用能技术的能效提升速度逐步放缓，电气化水平平稳上升，天然气消费快速增长，煤炭消费减量化，石油消费相对稳定，终端能源消费结构稳步升级，终端能效水平稳步提升。新能源占比日益提高，电力系统源－网－荷－储协调发展局面逐步形成。

再电气化情景下，常规用能技术的能效提升速度逐步放缓，但电锅炉、电窑炉、热泵、智能家居、电动汽车等用电技术加快推广应用，全社会电气化水平持续较快上升，加速替代煤炭和石油消费，终端能源消费结构加快升级，推动终端能效持续较快提升。天然气消费增长低于常规转型情景。新能源发展提速，电网智能化程度和系统调节能力不断增强，推动电力系统向源－网－荷－储协调更高程度发展。

常规转型情景与再电气化情景下，由经济社会发展水平决定的终端有效能❶需求大体一致，终端能源需求的差别主要体现在终端用能技术带来的能效差距。例如，满足同样的出行需求是使用传统燃油汽车还是电动汽车，满足同样的供暖需求是燃煤、燃气还

---

❶ 有效能是指在终端能源消费环节，扣除能量损失后实际发挥作用的能量。一般认为能源服务需求将长期保持增长，也意味着有效能需求将持续增长。

是使用热泵，生产同样多的钢材和铝材是通过矿石冶炼还是再生金属加工等。由于共享出行、共享产能等既可能带来设备保有量和生产量的减少，对应的钢铁、铜、铝等上游高耗能产品产量有所降低，但同时也可能带来新的需求释放，一系列影响的机理和程度仍有待更长期、深入地观察，因此报告中谨慎处理了两个情景的差别。

两个情景设置的主要参数差异如下：

表1-1 常规转型情景与再电气化情景设置主要参数差异

主要指标	常规转型情景	再电气化情景
经济环境	国际环境方面，全球贸易自由化出现波动，但我国现行政策与应对策略下中美贸易摩擦对我国经济发展的影响有限，对我国油气供应的影响具有不确定性，故中美贸易摩擦等国际经济形势变化在本报告中暂不体现。国内环境方面，社会经济形势保持稳定，经济增速逐步放缓，经济结构优化调整，增长动力由传统制造业转向第三产业和高端制造业。"十三五""十四五"和"十五五"期间GDP增速分别为6.8%、6.0%和5.5%，2030—2040年、2040—2050年GDP增速分别为4.3%和3.2%。人口缓慢增长，增幅逐步放缓，2050年总人口为14.0亿❶	
电气化水平	各用能领域电气化水平逐步提高。例如，钢铁行业电炉钢占比在2020年、2035年和2050年分别达到10%、20%和30%；电动汽车保有量在2020年、2035年和2050年分别达到500万辆、8100万辆和2.3亿辆；城市短途货运小部分实现电气化	各用能领域电气化水平高于常规转型情景。例如，钢铁行业电炉钢占比在2020年、2035年和2050年分别达到15%、35%和50%；电动汽车保有量在2020年、2035年和2050年分别达到600万辆、1.4亿辆和3.2亿辆；城市短途货运基本实现电气化
终端能源结构	以电代煤和以气代煤同步推进，天然气增长较快，燃油被缓慢替代	考虑供应约束，天然气替代程度低于常规转型情景，电能替代煤炭和燃油程度高于常规转型情景
终端能效	主要工业产品能源效率2020年达到或接近国际先进水平，2035年国际领先；单位GDP能耗2020年比2015年下降15%，2030年达到目前世界平均水平。终端能耗强度下降速度逐步放缓，天然气和电力替代燃煤和燃油带来额外的能效改善	在常规转型情景基础上，更高效用电技术的推广应用程度高于常规转型情景，例如再生金属冶炼、热泵技术等。电能替代的广度、深度和速度都高于常规转型情景
新能源发电成本❷	陆上风电2035年、2050年装机成本分别下降至约4400元/千瓦、3600元/千瓦； 海上风电2035年、2050年装机成本分别下降至约8800元/千瓦、6200元/千瓦； 光伏发电2035年、2050年装机成本分别下降至约2800元/千瓦、2300元/千瓦； 光热发电2035年、2050年装机成本分别下降至约9700元/千瓦、4500元/千瓦	陆上风电2035年、2050年装机成本分别下降至约3800元/千瓦、3000元/千瓦； 海上风电2035年、2050年装机成本分别下降至约7500元/千瓦、5000元/千瓦； 光伏发电2035年、2050年装机成本分别下降至约2300元/千瓦、1900元/千瓦； 光热发电2035年、2050年装机成本分别下降至约7600元/千瓦、3200元/千瓦
碳排放成本	由2020年20元/吨逐渐增长至2050年200元/吨	由2020年30元/吨逐渐增长至2050年300元/吨
煤电灵活性改造程度	热电联产机组2035年、2050年调峰深度分别达到30%、40%；非热电联产机组2035年、2050年调峰深度分别达到60%、70%	热电联产机组2035年、2050年调峰深度分别达到40%、50%；非热电联产机组2035年、2050年调峰深度分别达到70%、80%

❶ 参考国家信息中心预测数据。
❷ 综合国际能源署、国际可再生能源署、彭博新能源财经等多家国际权威机构预测结果，形成逐年成本预测曲线，限于篇幅仅展示关键年份值。本报告及模型中所有价格数据均基于当前价格水平，未考虑货币价值变动因素。

主要指标	常规转型情景	再电气化情景
跨区输电参与调峰	输电容量的 50%	输电容量的 80%
需求响应潜力	2035 年、2050 年分别为最大负荷的 6%~8%、10%~12%	2035 年、2050 年分别为最大负荷的 7%~9%、15%~18%
储能成本❶	2035 年、2050 年固定投资成本分别下降至约 3000 元/千瓦、2000 元/千瓦	2035 年、2050 年固定投资成本分别下降至约 2000 元/千瓦、1000 元/千瓦

1.2 本年度情景设置的主要变化

第一，从终端能源需求角度，本次展望报告主要情景参数调整集中在交通、工业两个重要的终端用能部门。

电动汽车发展速度超出预期，交通部门电气化水平上升潜力加大。 党的十九大明确提出建设交通强国的宏伟目标，着力推动交通运输高质量发展，全力建设安全便捷、经济高效、绿色智慧、开放融合的现代化综合交通运输体系。智慧交通的蓬勃发展、绿色交通的持续推进等，推动了以电动汽车为主要发展方向的新能源汽车产业快速发展，使我国已成为全球电动汽车第一大市场。截至2018 年 6 月底，我国新能源汽车保有量达到 199 万辆❷，其中纯电动汽车 162 万辆。预计 2018 年全年新能源汽车产销量将突破100 万辆，累计 260 万辆，到 2020 年新能源汽车保有量 500 万辆的目标很有可能超额完成。除客运领域外，电动汽车在货运领域的发展潜力也已初步显现。以特斯拉、比

亚迪为代表的多家车企正在积极推动厢式货车、小型卡车等车辆类型的电气化转型。因此，本年度研究上调了我国交通部门电气化增长潜力的判断，尤其是短途货运电气化水平显著高于 2017 年度判断。

在经济结构加快调整和产能共享等诸多因素影响下，工业部门高耗能产品产量峰值水平有所降低。 我国经济进入高质量发展阶段，固定资产投资增速放缓，房地产、汽车、家电等下游产业对高耗能产品产量的需求增速逐步放缓。同时，我国共享经济呈现高速发展态势，2017 年全年共享经济市场交易额约为 49205 亿元，同比增长 47.2%❸。我国共享经济的发展已经渗透到制造服务、交通出行等多个领域。2017 年制造业产能共享市场交易额约为 4120 亿元，同比增长 25%，平台上提供服务的企业超过 20 万家❹。共享产能有助于提高产能利用率，降低钢铁、铜、铝等上游产品产量需求，本报

❶ 综合国际能源署、彭博新能源财经、中关村储能产业技术联盟等多家国内外权威机构预测结果，形成逐年成本预测曲线，限于篇幅仅展示关键年份值。
❷ 数据来源：公安部交管局数据，2018 年 7 月。
❸❹ 国家信息中心分享经济研究中心课题组. 中国共享经济发展年度报告（2018）.

告下调了对相关高耗能产品产量的峰值水平判断。

第二，从一次能源供应角度，本年度报告主要参数调整集中在天然气发展潜力、新能源发电装机成本方面。

受限于供应能力，我国天然气消费增长潜力预期适当下调。2017－2018年，受经济快速发展、城镇化率提升以及"煤改气"政策的影响，我国天然气消费保持高速增长。由于国内产量增长有限、海外供应不确定性增加、储备能力相对不足等原因，我国局部地区出现了较为严重的"气荒"问题，天然气供应保障能力短板显现。短期内，通过推动储运设施建设，将在一定程度上缓解冬季天然气供应紧张问题。但鉴于我国天然气资源禀赋较为稀缺，为合理控制我国能源对外依存度、有效保障我国能源供应安全，本报告谨慎处理了天然气终端消费增长潜力。

新能源发电装机成本持续下降，平价上网时代即将到来。随着开发利用规模逐步扩大，我国风电和光伏发电成本持续降低。2017年我国陆上风电度电成本降至约0.4～0.5元/（千瓦·时），光伏发电度电成本降至约0.5～0.7元/（千瓦·时）。2018年9月，国家能源局下发的《关于加快推进风电、光伏发电平价上网有关工作的通知》征求意见稿指出，在我国资源条件好、建设成本低、市场环境好的地区，已基本具备与达到清洁排放水平煤电同价甚至不需要补贴的条件，平价上网将加速实现。本报告根据2017－2018年我国新能源发展建设情况，更新了有关成本预测参数。

第三，考虑到能源电力发展新技术、新模式、新业态不断涌现等因素，本年度报告调整了储能建设成本和需求响应规模。

新型储能技术快速发展，建设成本预期进一步降低。近年来，以锂电池为代表的电化学储能技术、以压缩空气储能为代表的物理储能技术、以熔融盐为代表的储热技术快速发展，尤其是电化学储能，随着成本的不断降低，市场规模实现快速增长，将成为前景最为广阔的储能技术。以4小时容量的大规模锂电池储能系统为例，建设成本从2007年的8000～10000元/（千瓦·时）下降到2017年的1800～2000元/（千瓦·时），预计未来仍有较大下降空间。新型储能将逐渐成为具有经济性的调节资源，在高比例新能源电力系统中发挥重要作用。本年度报告根据储能最新发展情况，下调了对未来新型储能成本走势的预测结果。

能源互联网技术与商业模式逐步成熟，需求响应潜力提高。随着能源互联网相关技术与商业模式发展，能源供需关系由单向平衡向双向互动模式转变，能源消费者从被动接受者转为主动参与者。2018年以来，江苏、天津、上海、河南、山东等多个省（市）积极开展电力需求响应工作，运用市场机制和经济杠杆，引导电力用户主动参与削峰填谷，缓解电力供需矛盾。未来，需求响应的价值将由削峰填谷更多转向促进新能源消纳。随着新能源渗透率不断提高，在西北等新能源富集地区布局电采暖、电制氢等柔性负荷具有较大发展空间。本报告在2017年度研究基础上适当提高了对需求响应潜力的判断。

2

中国
能源发展展望

2.1 终端能源需求

尽管近期我国经济发展面临较为复杂的内外部形势，但从基本面来看，普遍认为 2030 年以前经济仍将保持平稳较快增长。预计"十三五""十四五""十五五"和"十六五"期间，经济年均增速分别为 6.8%、6.0%、5.5% 和 5% 左右。2035 年以后经济增速进一步放缓，降至 3% ~ 4%。随着生育率逐步下降，2050 年以前我国人口缓慢增长，2050 年总人口约 14 亿，人口增长对终端能源需求的拉动作用趋弱。**我国终端能源需求将主要取决于用能服务需求水平和效率两大变量。**

随着生活水平提高和能源服务多样化，终端用能服务需求水平整体保持增长。同时，随着节能以及用能技术进步、用能结构改善和系统化服务效率提升，**终端能源将更为有效地转化为有效能源服务，使得有效能源服务需求保持平稳的情况下终端能源需求**增长能够有所放缓；随着终端能源转化为有效能源服务的效率持续提升至增速超过有效能源服务需求的增速，终端能源需求总量将出现下降。例如，被动式建筑可以通过建筑设计达到一定程度的冬暖夏凉效果，实现同样舒适程度的同时减少采暖和制冷用能需求；交通系统的电气化以及效率提升，可以在满足更多出行需求的同时减少交通用能。

2.1.1 终端能源需求总量

终端能源需求总量在 2020 年后进入增长饱和阶段，2030 年后进入峰值平台期。常规转型情景下，终端能源需求总量在 2030－2040 年进入平台期，峰值总量约 42 亿吨标准煤。再电气化情景下，消费峰值提前到 2030 年前后，峰值水平降低到约 39 亿吨标准煤。

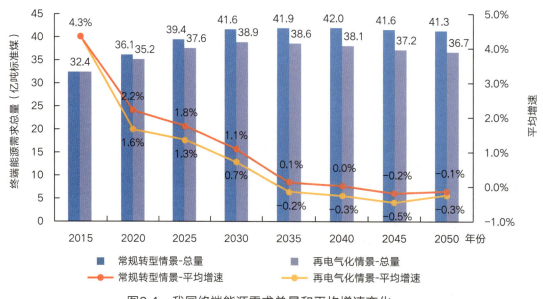

图2-1　我国终端能源需求总量和平均增速变化

2.1.2 终端能源需求部门结构

终端能源需求的部门结构逐步向均衡化演进，新增份额主要来源于工业、建筑和交通部门。随着工业增加值增速放缓、工业部门内部结构和技术优化升级，工业部门在终端能源的需求比重中稳步下降，建筑部门❶和交通部门用能占比持续上升，改变目前以工业部门为主的用能结构。工业、建筑、交通部门用能占比 2015 年为 6：2：1，2035 年为 5：3：2，2050 年为 4：3：3❷。

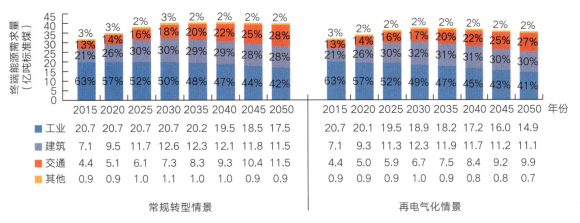

图2-2　我国终端用能部门结构变化

目前工业化国家的终端能源需求部门结构各不相同，其结构特点与各自经济社会发展特征有关。美国以交通部门用能为主，其次为建筑部门用能，这与美国制造业产能转移、生活能源消费水平高有关；法国、英国和德国等欧洲国家建筑部门用能占比最高，均在四成左右；日本、韩国制造业优势突出，工业部门用能占比相对较高，韩国工业用能占比过半。**中国未来终端能源需求部门结构与日本当前用能结构更为接近。**

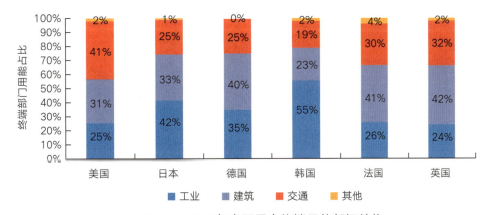

图2-3　2015年主要国家终端用能部门结构

---

❶ 建筑部门包含第三产业（不含交通运输）和居民生活（不含交通出行）。由于这两部分能源消费主要发生在建筑物内，因此合称为建筑部门。

❷ 终端能源需求部门结构包括工业、建筑、交通和其他四个部门，其中其他部门能源需求占比非常低。为了便于直观地表示出终端能源需求的部门结构逐步向均衡化演进的趋势，这里对工业、建筑、交通三个部门用能的比例进行了四舍五入作近似处理。

工业部门用能即将进入峰值平台期，2040年后下降速度加快。再电气化情景下，工业部门用能已经进入峰值平台期，2035年工业部门用能水平降至2015年的88%，2050年仅为2015年的72%。随着钢铁、建材、化工、有色金属等高耗能行业产品产量陆续达到峰值，以及产能结构改善、生产工艺升级，高耗能行业用能增速放缓甚至下降。高耗能行业在工业部门用能中的占比持续下降，从2015年的68%降至2035年的57%，2050年降至50%。

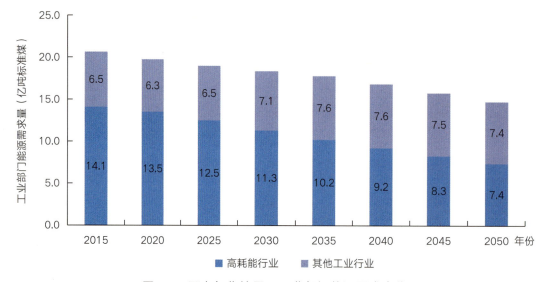

图2-4 再电气化情景下工业部门能源需求变化

建筑部门用能在2030年前保持快速增长，成为推动终端能源需求增长的最大贡献部门。建筑部门用能峰值出现在2030年前后，峰值水平12亿~13亿吨标准煤，约为2015年用能水平的1.7~1.8倍。2035年以后随着建筑面积增长放缓、节能建筑比例提高、能源利用效率改善，需求平稳小幅下降。服务业持续较快发展，带动公共建筑用能占比持续提升，再电气化情景下，公共建筑用能占比从2015年的21%上升到2030年的27%，2050年上升至32%。

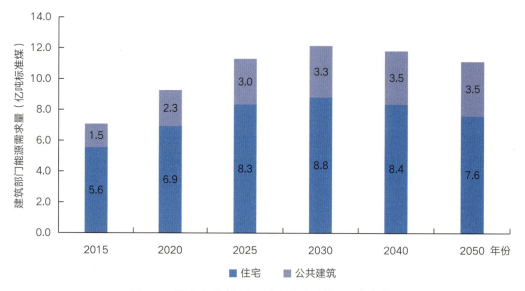

图2-5 再电气化情景下建筑部门能源需求变化

交通部门能源需求持续较快增长，2030年后成为推动终端能源需求增长的最大贡献部门。2035年交通能源需求量是2015年的1.7～1.9倍，2050年继续增长到2015年的2.3～2.6倍，是增幅最大的部门。其中，公路交通（含城市轨道交通）用能增量最大但增幅相对较低，主要因为车辆燃油经济性和系统效率提高速度更快；航空用能增幅最大，2050年比2015年增长4倍。再电气化情景下，公路交通用能占比从2015年的76%缓慢下降到2035年的72%、2050年的67%，依然是交通部门用能的主体；公路交通中，由于电动汽车普及带来客运车辆用能效率大幅提升、智能和共享交通渗透带来系统效率提升，使客运占公路交通用能比重在2025年以后快速下降，从2015年的54%降至2035年的39%、2050年的25%。

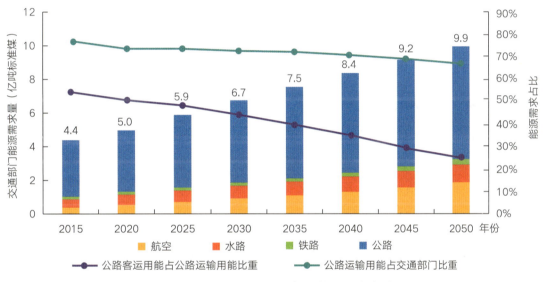

图2-6　再电气化情景下交通部门能源需求变化

2.1.3　终端能源需求品种结构

天然气需求占比提升，油品需求占比相对稳定，煤炭需求占比下降幅度最大。天然气消费增长较快，油品消费增长相对缓慢，2035年油气消费占比升至40%左右。常规转型情景下，天然气消费持续增长，油品消费在2030－2035年达到峰值平台后小幅下降，2050年油气消费占终端能源比重约为43%。再电气化情景下，天然气消费在2040年前后达到峰值，油品消费在2030年达到峰值后逐步下降，2050年油气消费占终端能源比重约为36%。电力在终端能源消费结构中的比重持续上升，在2025年前超过煤炭成为最主要的终端用能品种。随着我国能源供给侧结构性改革、环境污染治理的力度加大和低碳发展要求，终端煤炭需求已经进入下行区间，在终端能源消费中的占比从2015年的41%下降至2035年的15%～16%，预计终端煤炭消费在2020－2035年期间被替代速度加快，2035年以后随着经济替代潜力下降以及作为原材料使用，下降幅度有所减少，到2050年降至10%以下。

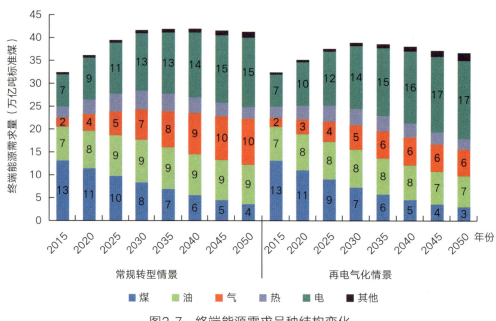

图2-7　终端能源需求品种结构变化

电能在终端用能结构中占比持续提升，2035 年提高至 32%～38%，2050 年增至 37%～47%。 随着工业、建筑、交通等各部门的电气化、自动化、智能化发展，以及清洁电力供应在经济和环境方面的优势逐步显现，全社会电气化水平明显提高。常规转型情景下，终端用能结构中电能占比在 2020 年、2035 年和 2050 年分别为 25%、32% 和 37%。再电气化情景下，电气化水平提升更快，2020 年、2035 年和 2050 年电能占比分别为 27%、38% 和 47%。

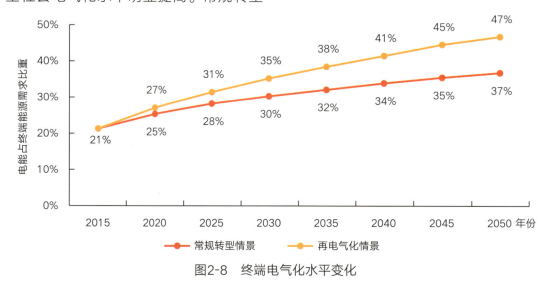

图2-8　终端电气化水平变化

分部门看，工业部门电气化水平继续逐步攀升，建筑部门电气化水平最高、提升潜力最大，交通部门电气化水平将快速增长。 工业部门用能中电能占比从 2015 年的 23% 逐步提高到 2035 年的 37%～41%，2050 年继续攀升至 43%～49%。其中，通信设备、计算机及其他电子设备制造业的用能中电能占比在 2050 年均超过 90%。建筑部门目前电气化水平最高，未来提升潜力也最大，2035 年电能占用能的比重将从 2015 年的 29% 提高到 41%～50%，2050 年进一步提升到 47%～63%。电动汽车结合自动驾驶、车联网等技术应用加快渗透，城市短途客货运电气化潜力逐步释放，推动交通部门的电能需求占比从 2015 年的 2% 提升到 2035 年的 8%～14%，2050 年达到 14%～25%。

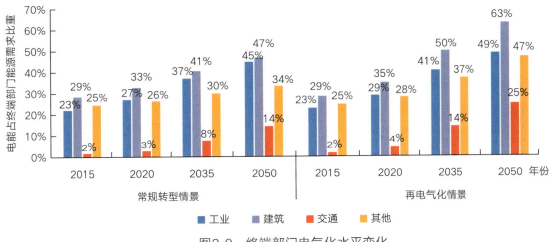

图2-9 终端部门电气化水平变化

2.1.4 终端能源利用效率

在用能技术进步和用能结构改善等因素共同作用下，终端能源利用效率持续提高。 终端能源需求将以低速增长支撑经济中高速增长，并随着经济迈入高质量发展阶段，最终呈现下降态势。如果将 2015 年终端能源消费强度设为 1，则 2035 年终端能源消费强度降至 0.39～0.43，2050 年继续下降至 0.23～0.26。再电气化情景下，终端电气化水平提高使能源消费强度和弹性系数下降更快。

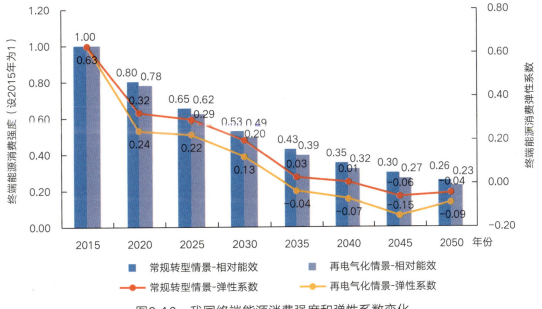

图2-10 我国终端能源消费强度和弹性系数变化

与世界主要国家相比，我国当前终端能源利用效率仍然偏低，按汇率法计算我国将在 2050 年达到当前世界先进水平，若按购买力平价法则有望在 2035 年前后达到。按照汇率法计算，我国 2015 年单位 GDP 终端能耗相当于韩国的 1.7 倍、美国的 2.7 倍、德国的 4 倍、日本和英国的 5 倍。预计到 2035 年我国单位 GDP 终端能耗约为 1.37～1.51 吨标准煤 / 万美元，略高于 2015 年的美国单位 GDP 终端能耗。到 2050 年我国单位 GDP 终端能耗约为 0.81～0.91 吨标准煤 / 万美元，相当于 2015 年的德国单位 GDP 终端能耗，达到当前世界先进水平。

按照购买力平价法计算，我国 2015 年单位 GDP 终端能耗相当于日本、德国、英国等先进水平的 2 倍左右，与其他国家差距缩小。预计到 2035 年我国单位 GDP 终端能耗约为 0.62～0.69 吨标准煤 / 万国际元，相当于 2015 年的英国单位 GDP 终端能耗，达到当前世界先进水平。到 2050 年我国单位 GDP 终端能耗约为 0.37～0.42 吨标准煤 / 万国际元，远低于当前主要发达国家水平。

此外，日本、德国和英国在两种方法下的 2015 年能效水平都领先于其他国家，可以作为我国对标国际先进能效水平的参考。

图2-11　2015年主要国家单位GDP终端能耗比较

2.2　一次能源需求

2.2.1　一次能源需求总量

一次能源需求总量增速放缓后进入峰值平台期，峰值约为 55 亿～58 亿吨标准煤。未来，一次能源需求增长逐步放缓，2025 年后进入增长饱和阶段，2030 年后进入峰值平台期，基本保持在 55 亿～58 亿吨标准煤，再电气化情景下的一次能源需求低于常规转型情景。化石能源需求量在 2025 年前后达到峰值，常规转型情景下峰值为 43 亿吨标准煤，再电气化情景下峰值为 41 亿吨标准煤。

图2-12　我国一次能源需求总量变化（按发电煤耗法计算）

　　如果按照电热当量法计算可再生能源发电量，则一次能源需求将在 2030 年前后达到峰值，峰值约为 48 亿～50 亿吨标准煤。按照我国目前能源统计方式，电能消费在终端计算时采用电热当量法，在一次能源计算时采用发电煤耗法，带来的影响是终端电气化水平越高电能消费量越大，对应的一次能源消费量越大❶。如果按照国际通行方法，采用电热当量法计算可再生能源发电量，则再电气化情景下，一次能源需求将在 2030 年左右达到峰值约 48 亿吨，其后由于可再生能源对化石能源存量加速替代，一次能源需求总量相对常规转型情景下降更快。

图2-13　我国一次能源需求总量变化（可再生能源按热当量法计算）

❶ 为与我国主要统计数据及研究成果保持一致，本报告中与一次能源需求相关的计算分析仍以发电煤耗法为主。

2.2.2 一次能源需求结构

煤炭占一次能源需求比重持续下降，总量规模仍处于峰值平台期，2025 年后快速下降。 我国煤炭消费在 2013 年达到 28.1 亿吨标准煤后持续下降，2017 年由于能源消费总量增长较快，煤炭消费止跌回升，煤炭占一次能源消费比重 60.4%。终端能源消费以气代煤、以电代煤推动终端用煤持续减少，电力需求持续较快增长则推动发电用煤

未来一段时期仍保持高位。2020－2025 年煤炭需求量在 27 亿~28 亿吨标准煤区间波动，总体处于峰值平台期。2025 年后煤电发电量减少，煤炭需求快速下降。尽管目前煤炭需求总量仍处于峰值平台期，但**煤炭占一次能源需求的比重持续下降**。煤炭占一次能源需求比重 2020 年降至 56%~57%，比 2015 年下降 7~8 个百分点；2025 年后加速下降，2035 年降至 35%~36%，2050 年降至 17%~19%。

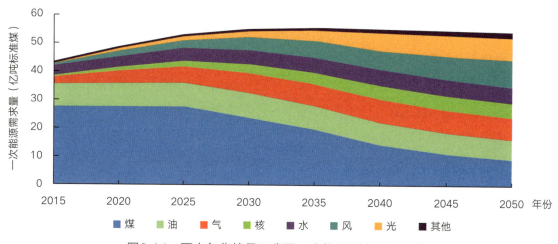

图2-14　再电气化情景下我国一次能源需求结构变化

石油需求量相对平稳，2030 年前后达到峰值约 6.1 亿~6.8 亿吨。 2017 年，石油占一次能源需求的比重为 17.3%，这一比重未来将持续缓慢下降。常规转型情景下，2050 年缓慢降至 16%；再电气化情景下，2050 年降至 13%。**天然气需求量及其占一次能源需求中的比重上升明显，2040 年后达到峰值。** 2035 年天然气需求量增至 5800 亿~7000 亿米^3，占一次能源需求比重增至 13%~16%。常规转型情景下，天然气需求量持续增长，2050 年达到 8800 亿米^3，占一次能源需求 20.5%；再电气化情景下，天然气需求量在 2040 年达

到峰值约 6100 亿米^3，2050 年下降至 5800 亿米^3，2050 年天然气占一次能源需求比重 14%。

风能在 2035 年前后超过水能成为最主要的非化石能源品种，太阳能在 2045 年前后成为第二大非化石能源品种，非化石能源消费总规模在 2035－2040 年期间超过煤炭，将成为体量最大的能源消费类型。 非化石能源占一次能源需求总量的比重，2020 年超过 17%，2035 年增至 31%~36%，2050 年增至 45%~56%。水能受资源开发潜力约束，2040 年后发电量保持稳定，占一次能源

需求的比重略有下降，2020－2050 年期间保持 8%～11%。核能发电量同样在 2040 年后保持相对稳定，2050 年占一次能源需求 8%～9%。常规转型情景下，2020 年、2035 年、2050 年风能占一次能源需求的比重分别为 3.4%、8.7%、15.2%，太阳能占一次能源需求的比重分别为 2.0%、5.4%、10.1%。再电气化情景下，风能占一次能源需求的比重分别为 3.4%、10.3%、17.3%，太阳能占一次能源需求的比重分别为 2.0%、6.6%、14.3%，风光能发展速度明显高于常规转型情景。

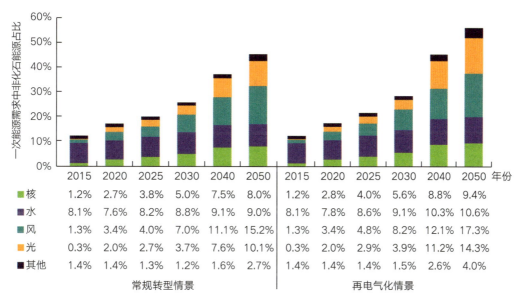

	常规转型情景						再电气化情景					
年份	2015	2020	2025	2030	2040	2050	2015	2020	2025	2030	2040	2050
■核	1.2%	2.7%	3.8%	5.0%	7.5%	8.0%	1.2%	2.8%	4.0%	5.6%	8.8%	9.4%
■水	8.1%	7.6%	8.2%	8.8%	9.1%	9.0%	8.1%	7.8%	8.6%	9.1%	10.3%	10.6%
■风	1.3%	3.4%	4.0%	7.0%	11.1%	15.2%	1.3%	3.4%	4.8%	8.2%	12.1%	17.3%
■光	0.3%	2.0%	2.7%	3.7%	7.6%	10.1%	0.3%	2.0%	2.9%	3.9%	11.2%	14.3%
■其他	1.4%	1.4%	1.3%	1.2%	1.6%	2.7%	1.4%	1.4%	1.4%	1.5%	2.6%	4.0%

图2-15 我国一次能源需求中的非化石能源结构

发电能源占一次能源比重持续提高，电力日益成为能源供应的主体。发电能源占一次能源的比重是从供应环节衡量电气化水平的指标。随着终端电气化水平的提高，发电能源占一次能源的比重也持续上升，常规转型情景下在 2030 年超过 50%，再电气化情景下在 2025 年即超过 50%，并在 2050 年达到 69%。

图2-16 发电能源占一次能源比重变化

一次能源需求结构持续向清洁低碳方向调整。随着煤炭、石油、天然气相继在 2013 年、2030 年前后、2040 年后达到峰值，非化石能源消费总规模及在一次能源需求中的比重快速增长。再电气化情景下，风光能为主的非化石能源发展速度明显高于常规转型情景。2035 年，煤炭、石油、天然气占一次能源需求比重分别为 35.4%、14.8%、13.9%，非化石能源的比重达到 35.8%，取代煤炭成为体量最大的能源消费类型。风能

在 2035 年超过水能成为最主要的非化石能源品种，占一次能源需求的比重达 10.3%。2050 年，煤炭、石油、天然气占一次能源需求比重分别为 17%、13%、14.3%，非化石能源的比重达到 55.7%，其中风能占一次能源需求比重增长到 17.3%，超过煤炭成为体量最大的能源消费品种，太阳能占一次能源需求比重增长到 14.3%，成为第二大非化石能源品种。

图 2-17　再电气化情景下 2035 年能流图

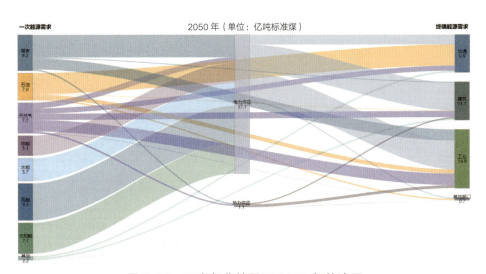

图 2-18　再电气化情景下 2050 年能流图

2.2.3 一次能源利用效率

单位 GDP 能耗持续稳步下降。随着节能技术的大幅推广应用，我国基于用能技术的节能潜力释放逐步趋缓，基于用能结构升级的节能潜力贡献持续提升。由于一次能源计算方法问题，两个情景下的单位 GDP 能耗下降幅度区别并不大。再电气化情景下，能效水平持续提升，推动单位 GDP 能耗持续较快下降。2020 年单位 GDP 能耗比 2015 年下降 19%，2035 年和 2050 年单位 GDP 能耗分别降至2015 年 水 平 的 43% 和 25%。2020－2035年、2035－2050 年单位 GDP 能耗下降幅度分别为 47%、41%，下降速度略有放缓。

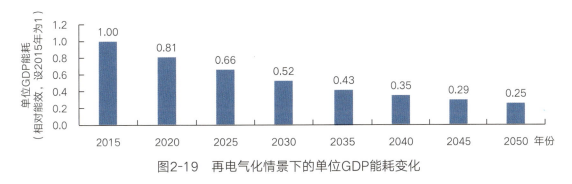

图2-19　再电气化情景下的单位GDP能耗变化

我国单位 GDP 能耗仍高于大部分工业化国家，按汇率法计算我国将在 2050 年接近当前世界先进水平，若按购买力平价法则将于 2030－2035 年达到。单位 GDP 能耗反映了一个国家整个能源系统的效率水平。按照汇率法计算，我国 2015 年单位 GDP 能耗与印度相当，明显高于其他工业化国家。再电气化情景下，预计到 2035 年，我国单位 GDP 能耗为 2.02 吨标准煤 / 万美元，略大于美国 2015 年的单位 GDP 能耗；预计到 2050 年，我国单位GDP 能耗为 1.16 吨标准煤 / 万美元，介于日本和德国 2015 年水平之间，达到当前的世界先进水平。

按照购买力平价法计算，我国 2015 年单位 GDP 能耗与其他工业化国家的差距明显缩小，与韩国水平相当。再电气化情景下，预计到 2035 年，我国单位 GDP 能耗为 0.95 吨标准煤 / 万国际元，略低于英国 2015 年的单位 GDP 能耗，达到当前的世界先进水平；预计到2050 年，我国单位 GDP 能耗为 0.55 吨标准煤 /万国际元，远低于当前主要发达国家水平。

此外，英国、日本、德国在两种方法下的2015 年能效水平都领先于其他国家，可以作为我国对标国际先进能效水平的参考。

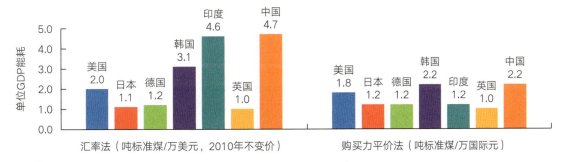

图2-20　2015年主要国家单位GDP能耗比较

人均能源需求缓慢增长，2040 年后稳定在 4 吨标准煤左右。 2017 年我国人均一次能源消费 3.2 吨标准煤，约为世界平均水平的 1.2 倍。未来将保持缓慢增长，2040 年后稳定在 3.9～4.1 吨标准煤，处于当前世界平均水平和欧盟平均水平之间❶。这表明中国可以发挥后发优势，以更低的人均能源消费水平支撑经济长期增长和人民生活持续改善。

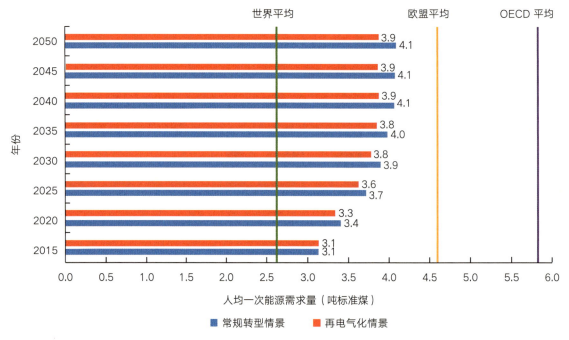

图2-21　我国人均一次能源需求与国际水平比较

2.2.4　能源对外依存度

石油对外依存度峰值约为 67%～71%，再电气化情景下 2030 年之后下降趋势明显。 根据预测❷❸，我国 2030 年以前原油产量将维持在 2 亿吨水平，之后缓慢下滑，2050 年降至 1.8 亿吨左右。常规转型情景下，石油对外依存度在 2030 年以前持续上升，2035—2050 年稳定在 70% 左右。再电气化情景下，石油对外依存度在 2025—2030 年达到约 67%，之后由于需求减少，回落到 2050 年约为 63%。

---

❶ 2015 年，世界人均一次能源消费量为 2.66 吨标准煤，1980—2015 年年均增长 0.4%。OECD 国家人均一次能源消费量为 5.85 吨标准煤，1980—2015 年年均增速为负；非 OECD 国家人均一次能源消费量为 1.89 吨标准煤，1980—2015 年年均增长 1.3%。2016 年，根据 BP 能源统计数据计算，世界人均一次能源消费量为 2.61 吨标准煤，欧盟国家平均水平为 4.58 亿吨标准煤。
❷ 中国能源中长期发展战略研究项目组. 中国能源中长期（2030、2050）发展战略研究 [M]. 北京：科学出版社，2011.
❸ 中国石油集团经济技术研究院. 2050 年世界与中国能源展望 [M]. 北京，2017.

图2-22 我国石油供应结构和对外依存度变化

天然气对外依存度不超过60%，再电气化情景下2040年之后显著下降。随着陆上和海上常规天然气产量增长，尤其是非常规天然气在2030年以后成为增产主力，我国天然气产量将在2030年达到3150亿米³，2050年达到3800亿米³❶。常规转型情景下，天然气需求增长快于供应能力增长，

天然气对外依存度逐步提高，2035年达到52%，之后保持在56%~57%范围。再电气化情景下，天然气对外依存度在2035—2040年达到峰值约43%，之后由于需求下降和产量增加出现大幅回落，2045年对外依存度降至39%，与2017年水平相当。

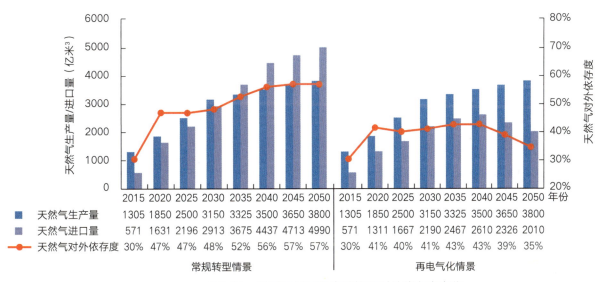

图2-23 我国天然气供应结构和对外依存度变化

再电气化情景下能源自给率将长期保持在80%以上。从一次能源自给率来看，常

规转型情景下的油气需求规模更大，在一次能源需求中占比更高，能源对外依存度持续

---

❶ 中国石油集团经济技术研究院.2050年世界与中国能源展望 [M]. 北京，2017.

攀升，2035 年和 2050 年分别达到 22% 和 24%。再电气化情景下，由于油气需求峰值降低且时间提前，能源对外依存度峰值提早

到 2030 年左右出现，峰值水平控制在 20% 以内，2050 年将降至 14% 左右。再电气化情景下能源自给能力明显高于常规转型情景。

2.3　能源燃烧二氧化碳排放

2.3.1　排放总量

　　我国能源燃烧二氧化碳排放量将在 2025 年前后达到峰值，峰值约为 105 亿吨。相比常规转型情景，再电气化情景下，二氧化碳

排放量更低，在达到峰值以后快速下降，减排幅度显著大于常规转型情景。2050 年，能源燃烧二氧化碳排放总量降至 53 亿～68 亿吨。

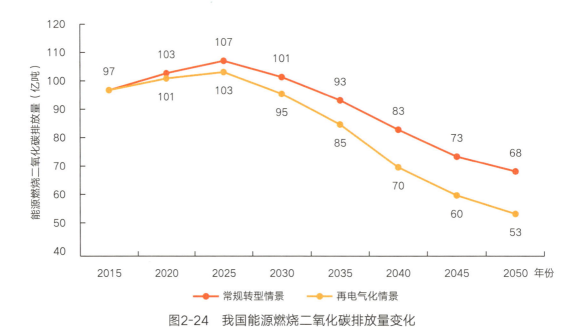

图2-24　我国能源燃烧二氧化碳排放量变化

2.3.2　排放强度

　　碳排放强度下降幅度预计能够超额实现自主减排目标❶。常规转型情景和再电气化情景下，2020 年单位 GDP 二氧化碳排放量比 2005 年下降 50% 以上，2030 年单位 GDP 二氧化碳排放量比 2005 年下降 70%

以上，均可实现我国承诺的自主减排目标。2050 年，单位 GDP 二氧化碳排放量将比 2005 年下降 90% 以上，使我国在 GDP 总量增长超过 10 倍的情况下，二氧化碳排放总量与 2005 年水平相当，再电气化情景下二氧化碳排放总量甚至低于 2005 年排放总量。

---

❶ 我国提出 2030 年二氧化碳排放强度比 2005 年下降 60%～65%。

图2-25 碳排放强度变化

2.3.3 排放结构

电气化水平提高使更多二氧化碳排放从终端用能部门转移到电力部门,电力部门二氧化碳排放在2030年后快速下降。工业和电力部门是二氧化碳排放的主要来源,2015年占全部能源燃烧二氧化碳排放量的75%。随着工业部门用能进入峰值平台期,以及电气化水

平和天然气占比持续提高,工业部门碳排放已经进入下行通道,在能源燃烧二氧化碳排放总量中占比持续下降。电力部门在2020年即超过工业部门成为最主要的二氧化碳排放源,二氧化碳排放总量和占比在2025年前后达到峰值。再电气化情景下,由于更多二氧化碳排放从终端用能部门转移到电力行业,电力部门二

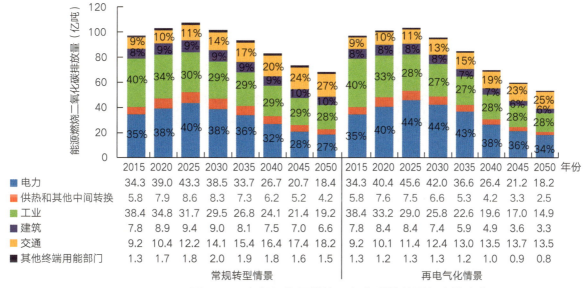

图2-26 各部门能源燃烧二氧化碳排放量与占比变化 ❶

---

❶ 碳排放采取发生地核算原则,故本报告对二氧化碳排放部门结构的分析,包括了四个终端能源需求部门(工业、建筑、交通、其他)和两个能源加工转换部门(电力、供热和其他中间转换)。

氧化碳排放峰值水平更高。随着 2030 年后清洁能源快速发展并成为发电能源主体，电力部门二氧化碳排放量和占比快速下降。

尽管建筑部门能源需求增长较快，但由于以电代煤、以气代煤程度高，二氧化碳排放量占比提高并不明显。交通部门由于清洁燃料和电力替代燃油的过程较长、程度较低，因此未来碳排放占比将显著上升，成为仅次于工业、电力部门的碳排放来源。交通部门二氧化碳排放在常规转型情景下持续增长，增速放缓；再电气化情景下 2045 年前后达到排放峰值。

2.4　小结

本章从能源需求、能源利用效率、能源需求部门结构、能源需求品种结构、电气化水平、能源燃烧二氧化碳排放等角度对我国未来能源发展进行了展望和分析，主要有以下六大趋势判断。

第一，能源需求增速放缓，终端能源需求增长将在 2020 年后进入饱和阶段，一次能源需求增长在 2025 年后进入饱和阶段。 中国终端能源需求总量将在 2020 年后进入饱和阶段，相比 2017 年度预测结果（2025 年），将提前进入饱和阶段，预计 2030 年后进入峰值平台期，总量稳定在 39 亿 ~ 42 亿吨标准煤。中国一次能源需求总量约在 2030 年后进入平台期，总量稳定在 55 亿 ~ 58 亿吨标准煤，其中化石能源需求在 2025 年前后达到峰值 41 亿 ~ 43 亿吨标准煤。

第二，能源利用效率持续提升，2040 年人均一次用能保持在 4 吨标准煤左右，单位 GDP 能耗有望于 2035 年达到当前世界先进水平。 用能结构升级叠加节能潜力释放将推动能源利用效率持续提升，人均一次能源需求将保持缓慢增长，到 2040 年人均一次用能保持在 3.9 ~ 4.1 吨标准煤，略低于 2017 年度预测值（4.0 ~ 4.2 吨标准煤），表明中国可以通过走高效节约道路，以更低的人均能源需求水平支撑经济长期增长和生活持续改善。单位 GDP 终端能耗稳步下降，有望于 2035 年前后达到当前世界先进水平。

第三，能源需求部门格局加速演变，终端用能增长逐渐从工业部门转移到建筑和交通部门，最终呈现 4 - 3 - 3 的均衡化格局。 与 2017 年度测算结果基本一致，我国能源需求增长结构逐渐向均衡化演变，工业、建筑、交通部门的终端用能占比从目前的 6 - 2 - 1 格局演变成 4 - 3 - 3 格局。其中，建筑部门在 2030 年前保持快速增长，成为推动终端能源需求增长的最大贡献部门；交通部门用能持续较快增长，2030 年后成为推动终端能源需求增长的最大贡献部门，随着电动汽车保有量大幅度增长，公路交通用能增量最大。

第四，能源结构加速优化升级，2025 年前电力取代煤炭在终端能源需求中的主导地位，2035－2040 年非化石能源将成一次能源供应主体。 终端能源加速实现高水平电气化，预测 2025 年前电力取代煤炭在终端能源消费中的主导地位，相比 2017 年度预测值（2030 年）略有提前。一次能源低碳化转型明显，预测 2035－2040 年非化石能源总规模超过煤炭成为体量最大的一次能源消费类型，到 2050 年占一次能源需求总量比重增至 45%～56%，风能、太阳能发展快速，预计在 2040 年前后成为主要的非化石能源品种。

第五，电气化水平持续提升，2050 年电能占终端能源的占比有望达到 47% 左右，建筑部门成为电气化水平提升的第一引擎。 终端用能结构中，电能逐步成为最主要的能源品种，预计 2050 年终端能源结构中电能占比增至 37%～47% 以上。建筑部门是电气化水平最高、提升潜力最大的终端用能部门，预计到 2035 年提升至 47%～63%。交通电气化水平将从 2015 年提升到 2050 年的 14%～25%，

高于 2017 年度预测值（12%～21%）。

第六，能源燃烧二氧化碳排放于 2025 年前后达到峰值，峰值约为 105 亿吨左右，2030 年后进入快速下降通道，单位 GDP 二氧化碳排放量下降目标有望超额实现。 能源燃烧二氧化碳排放量即将进入平台期，2025 年达到峰值，早于自主减排承诺时间，峰值约为 105 亿吨左右。2030 年单位 GDP 二氧化碳排放强度比 2005 年下降 70% 以上，下降幅度预计能够超额完成自主减排目标。受电气化水平提高影响，电力部门在 2020 年超过工业部门成为最主要的碳排放源，碳排放总量和占比在 2025 年前后达到峰值，在 2030 年后快速下降。

3

中国
电力发展展望

3.1 电力需求

电力需求总量持续增长，增速逐步放缓，**2035 年左右进入增长饱和阶段。**随着清洁电力大规模发展、用电技术进步和电力市场完善，电能在终端用能环节的竞争力明显增强，推动

电力需求持续增长，2035 年需求总量达到 10.9 万亿～12.1 万亿千瓦·时，2050 年需求总量达到 12.4 万亿～13.9 万亿千瓦·时。再电气化情景下，电力需求增速明显高于常规转型情景。

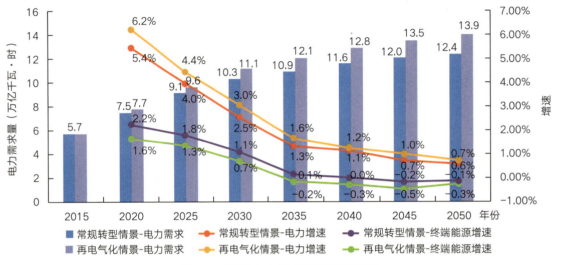

图3-1　我国电力需求量和增速变化

人均用电量持续增长，增速逐步放缓，**2050 年约为 8800～10000 千瓦·时。**中国目前人均用电量已经达到世界平均水平，但与发达国家相比仍有较大差距，尤其是人均生活用电水平差距更大。当前，日本、德国等高能效国家人均用电水平约为

7000～8000 千瓦·时，美国、加拿大等高能耗国家的人均用电量约为 13000～15000 千瓦·时。未来我国再电气化进程持续推进，同时能效水平稳步提高，2050 年我国人均用电量高于日本、德国当前水平，低于美国、加拿大当前水平。

图3-2　我国人均用电量与平均增速

工业部门用电占比逐步下降，长期来看仍是最主要的电力需求部门，建筑部门是电力需求增长最快的部门。目前工业部门是中国电力需求的主要部门，这一主导地位将至少延续到2045年。由于建筑部门的用能增长快于工业部门，且电气化水平提升更快，建筑部门的电力需求增长明显快于工业部门，在电力需求中的占比也提高较快。再电气化情景下，2050年建筑部门用电量超过工业部门，约占全社会用电量的43%。交通部门用电量基数小，用电增长快，2035年交通用电占全部用电量的5%~7%，2050年占11%~15%。

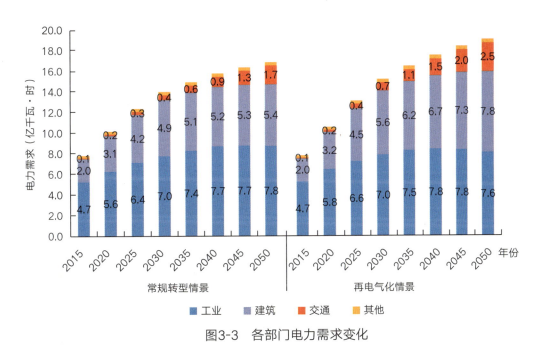

图3-3　各部门电力需求变化

3.2　电源发展

3.2.1　装机规模

电源装机容量将保持持续增长。随着风电、光伏发电等利用小时数较低的电源占比逐渐提高，煤电机组承担调节功能的趋势愈加明显，利用小时数也将呈下降趋势，我国电源装机总体规模将保持平稳较快增长，装机容量饱和时点晚于电力需求饱和时点。常规转型情景与再电气化情景下，2035年装机容量分别达到35.3亿、41.2亿千瓦，2050年装机容量分别达到42.6亿、52.4亿千瓦。

电源结构清洁化转型持续推进。随着新能源发电的经济竞争力逐步增强，清洁能源装机❶容量将大幅增长，电源结构朝着更加清洁低碳的方向发展。常规转型情景与再电气化情景下，2035年清洁电源装机容量分别达到23.4亿、26.4亿千瓦，2050年分别达到34.6亿、41.5亿千瓦。

❶ 本报告中，清洁能源装机包括可再生能源装机和核电装机。

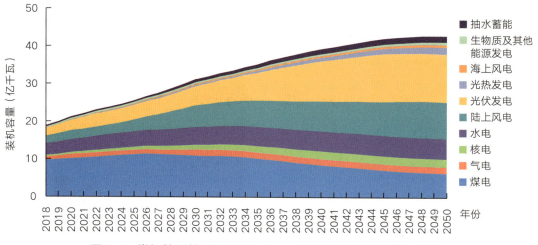

图3-4　常规转型情景下2018—2050年全国各类电源装机容量

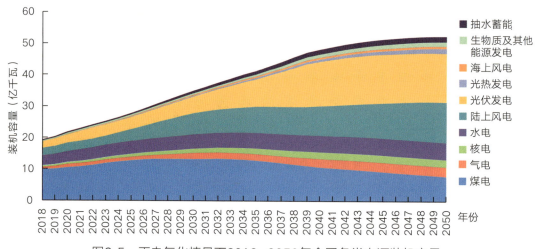

图3-5　再电气化情景下2018—2050年全国各类电源装机容量

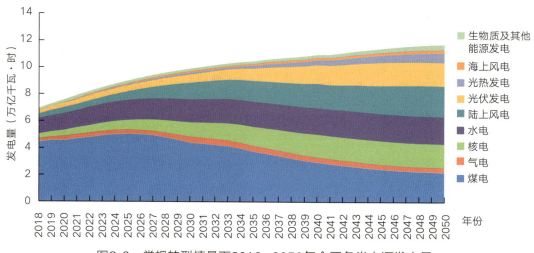

图3-6　常规转型情景下2018—2050年全国各类电源发电量

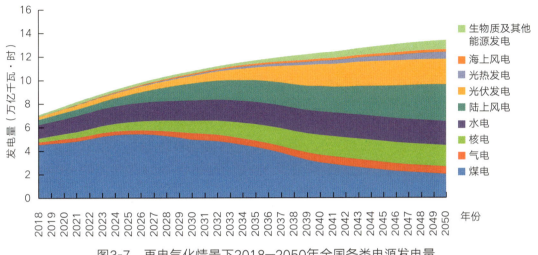

图3-7 再电气化情景下2018—2050年全国各类电源发电量

各类电源呈现出协调发展态势。考虑到新能源发电存在较强的波动性和不确定性，且利用小时数相对较低，为解决新能源大规模发展带来的电力、电量平衡与调峰问题，仍需各类电源协调发展。气电、核电、水电等常规电源的装机容量不会因新能源逐渐呈现出的成本优势而停止增长，煤电装机容量虽将呈现先升后降趋势，但在规划期内仍将在我国电力系统中持续发挥重要作用。

陆上风电、光伏发电快速增长，将逐步成为中国电源结构主体。补贴退坡虽将在短期内放缓风电、光伏发电的增速，但从中长期来看二者的经济竞争力将逐步显现。在整个规划期内，二者都将保持强劲的增长势头。特别是光伏发电，随着组件成本持续下降，将成为规划期内增长幅度最大的电源。常规转型情景下，2035年陆上风电、光伏发电装机容量分别为7.0亿、7.3亿千瓦，2050年分别增至9.7亿、12.7亿千瓦。再电气化情景下，2035年陆上风电、光伏发电装机容量分别为8.3亿、8.7亿千瓦，2050年分别增至13.0亿、15.6亿千瓦。2050年，陆上

风电与光伏发电的装机容量在电源结构中的占比超过一半，发电量占比超过三分之一。

海上风电、光热发电技术逐步成熟，装机容量持续增长，但总体规模有限。二者相较于陆上风电、光伏发电更具系统友好性。海上风电比陆上风电资源条件好、出力波动小、距离负荷中心近，光热发电作为一种可控电源能够为系统电力平衡与调峰做出贡献。随着技术进步，二者的装机成本也将迎来持续下降，但到2050年相对于陆上风电、光伏发电仍不具经济竞争力，且电源选址受限较大，因此增长规模有限。2035年、2050年海上风电装机容量将分别达到0.3亿~0.4亿千瓦、0.7亿~0.8亿千瓦。2035年、2050年光热发电装机容量将分别达到0.4亿~0.5亿千瓦、1.5亿~1.6亿千瓦。

煤电由电量供应主体逐渐转变为电力供应主体，将在我国电力系统中持续发挥重要作用。为有效应对波动性新能源发电给电力系统安全稳定运行带来的挑战，未来需要煤电机组更好地发挥调峰与备用等作用。在两种情景下，2035年煤电装机容量分别为10.2

亿、12.8 亿千瓦,2050 年分别为 6.4 亿、7.8 亿千瓦。规划期内,煤电装机容量和发电量都将呈现出先升后降的趋势。随着煤电机组在系统中承担功能的转变,其利用小时数将逐渐降低,因此发电量达到峰值时间稍早于装机容量达到峰值时间,两者分别出现在 2025 年、2030 年前后。

气电受成本因素制约,增长空间有限。我国天然气资源稀缺,用气成本较高,制约了气电的发展。从发电角度,燃气发电近期不具备经济性,随着新能源成本持续下降,未来气电的经济竞争力更加有限。从调峰角度,在我国当前电源结构下,通过建立合理市场机制和开展灵活性改造能够激发出煤电可观的调峰潜力,今后随着储能成本不断降低、需求响应商业模式逐渐丰富、互联电网灵活优化运行能力日益提升,气电在调峰方面的角色并非不可替代。根据系统整体优化规划结果,2035 年、2050 年气电装机容量分别约为 1.6 亿～2.1 亿千瓦、1.7 亿～3.1 亿千瓦。其中,再电气化情景下新能源装机规模更大,所需的系统调节能力更强,因此气

电容量较高。

核电容量稳步增长,发展受限于站址空间和规划建设周期。核电是清洁、可靠的电源,且其利用小时数较高,在风电、光伏发电大规模发展的情况下能够对系统电力电量平衡做出较大贡献,是推进生态文明建设的重要力量,应当在确保安全的基础上高效发展核电。但我国核电发展受到电站选址空间及规划建设周期等因素影响,预计 2035 年、2050 年装机容量将分别达到约 1.8 亿、2.2 亿千瓦。

水电发展受到资源条件限制,增长潜力相对有限。水电是我国重要的能源战略资源,是国家实现能源清洁化发展转型、完成非化石能源发展目标的重要保障。但我国水电可开发潜力有限,主要集中在西南地区,且综合开发成本呈上升趋势。2035 年之前水电仍具备一定发展潜力,随后趋于饱和。预计 2035 年、2050 年水电装机容量将分别达到约 5.0 亿、5.4 亿千瓦。此外,抽水蓄能稳步发展,2035 年、2050 年装机容量分别达到约 1.0 亿、1.6 亿千瓦。

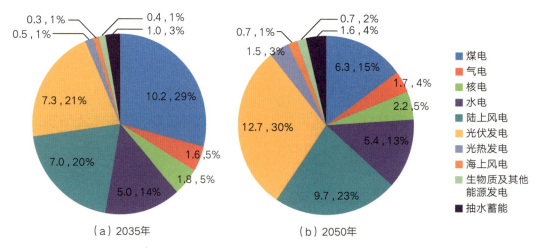

（a）2035年　　　　　　　　（b）2050年

图3-8　常规转型情景下各类电源装机容量（亿千瓦）与占比

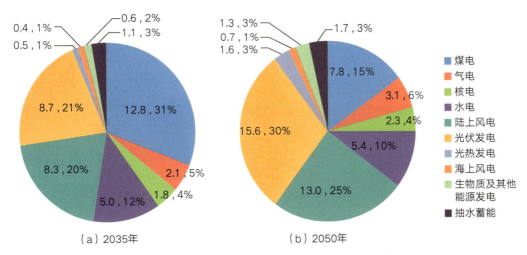

图3-9　再电气化情景下各类电源装机容量（亿千瓦）与占比

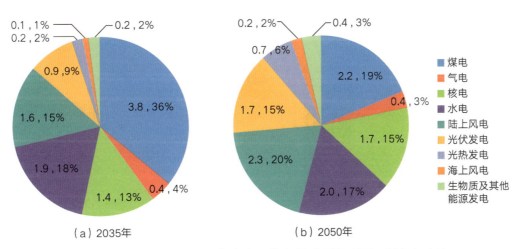

图3-10　常规转型情景下各类电源发电量（万亿千瓦·时）与占比

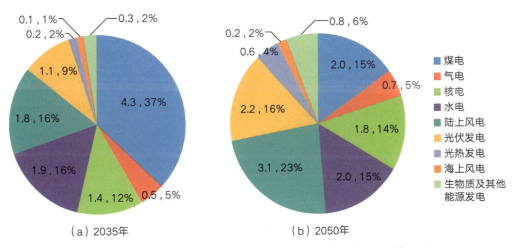

图3-11　再电气化情景下各类电源发电量（万亿千瓦·时）与占比

3.2.2 发展布局

风电装机布局仍将以"三北"地区为主 ❶。
近年来"三北"地区风电装机增长过快，对电力系统消纳造成了一定压力，东中部分散式风电将迎来发展机遇期。但考虑到我国不同区域间风资源条件差异明显，在优质资源区发展风电是更具经济性的优化方案。此外，在东中部地区建设风电还面临着更严苛的生态环境要求和更高昂的土地使用成本。系统整体优化结果显示，"三北"地区风电装机占比将长期保持在 60% 以上。2030 年之后海上风电技术逐渐成熟，将成为华东地区与南方地区新的增长点，但东中部地区在风电开发规模上难以与"三北"地区匹敌。

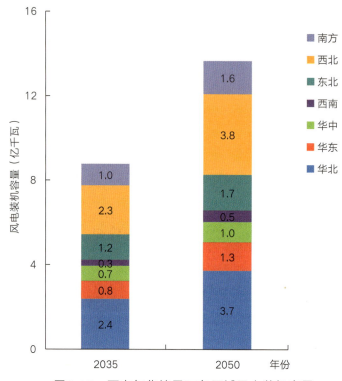

图3-12　再电气化情景下各区域风电装机容量

光伏发电装机宜集中式与分布式并重发展。在相关政策激励下，能源生产消费新模式与新业态涌现，东中部分布式光伏正进入发展快车道，近中期将具备较大增长空间，但受限于可用装机面积与光照资源条件，分布式光伏无法满足东中部城市负荷中心的用电需求，更难以作为我国大规模开发清洁能源的主体部分。从长期来看，在优质资源区进行大规模集中式开发仍是发展方向，也是能源结构布局的相对更优方案，特别是资源条件更好的西北地区，2050 年装机容量占比将超过三分之一。

---

❶ 本报告基于电网分区对我国进行区域划分，共分为华东地区、华中地区、华北地区、东北地区、西北地区、西南地区、南方地区七个区域。

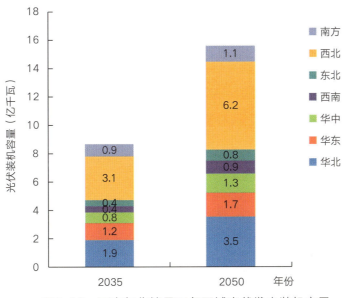

图3-13 再电气化情景下各区域光伏发电装机容量

煤电装机布局将以西北地区、华北地区为主。煤电机组将更多布局于电源送端,一是发挥煤炭基地就地发电的经济性优势,二是能够减轻东中部地区环境压力,三是可配合新能源消纳与送出。西北地区煤电装机容量达到峰值时间最晚,预计2050年装机规模仍高于当前水平,在全国煤电总装机中的占比由13%上升至30%左右。华东等受端地区由于煤电占比高、环境减排压力大,煤电减量化趋势明显。

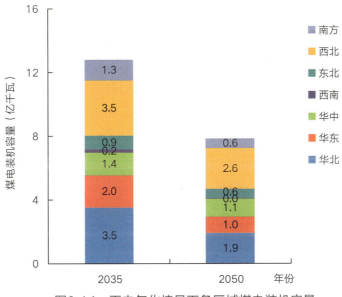

图3-14 再电气化情景下各区域煤电装机容量

气电新增装机近中期以东中部为主，远期西北地区发展潜力较大。 从近中期来看，气电装机主要布局于华北、华东、华中、南方等东中部地区。在燃气发电经济竞争力有限的情况下，东部地区因环保相关政策限制煤电发展，为气电创造了一定的发展空间，尤其是依靠政策支持的燃气热电联产与园区分布式能源机组具备一定发展潜力。长期来看，西北地区也应布局一批气电机组，2050年西北气电装机容量占全国比重达三分之一左右，一方面缘于西部地区的气价优势，另一方面随着远期煤电机组逐渐退役，西北地区需补充一定的气电机组配合大规模新能源消纳与送出，保障系统安全高效运行。

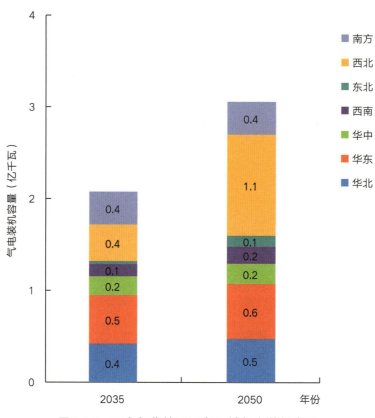

图3-15　再电气化情景下各区域气电装机容量

水电装机容量增长主要集中于西南地区。 水电布局受到资源条件的限制。我国四川、云南和藏东南水电资源丰富，技术可开发量约3.3亿千瓦，主要集中在金沙江、雅砻江、大渡河、澜沧江、怒江和雅鲁藏布江六大流域，涵盖了我国约80%待开发的水电资源。因此，西南地区和南方地区是我国水电机组主要布局地，占全国水电装机容量的70%左右，其中西南地区的开发潜力更胜一筹。

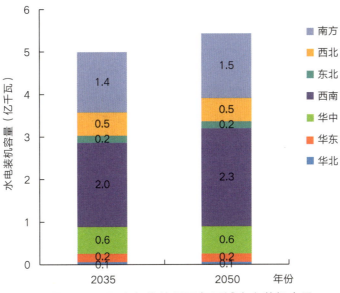

图3-16 再电气化情景下各区域水电装机容量

核电主要布局于东部沿海地区。当前我国核电主要分布在华东、南方、东北等沿海地区。核电应按照合理规模布局，在确保安全的基础上实现高效发展。本报告未考虑内陆核电建设，未来我国核电将分布在四个沿海区域。受到站址条件限制，核电将更多布局于华东地区和南方地区，占全国核电装机容量的70%以上。

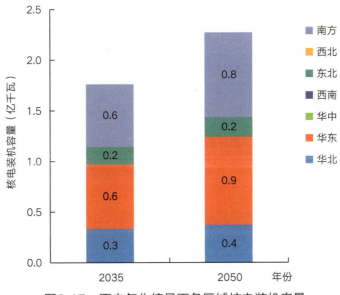

图3-17 再电气化情景下各区域核电装机容量

3.3 电网发展

我国跨区输电通道容量将持续增长。以特高压骨干网架为特征的全国互联电网将在新一代电力系统中发挥更加重要的作用。当前我国跨区输电容量约为 1.3 亿千瓦❶。电力系统整体规划结果表明，2035 年、2050 年我国跨区输电通道容量应分别达到约 4 亿、5 亿千瓦❷。再电气化情景下，跨区通道容量更高，大电网对全国能源资源优化配置的支撑力度更大。从增长趋势来看，在 2018－2050 年整个规划期内跨区输电通道容量呈现出持续增长态势，反映出在高比例清洁能源背景下建设坚强互联的大电网将愈加重要。

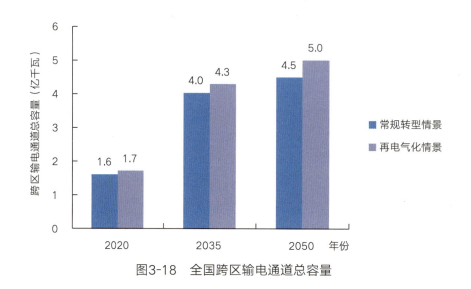

图3-18　全国跨区输电通道总容量

我国"西电东送""北电南送"的电力流规模成倍扩大。从各跨区输电通道来看，西北送华东、西北送华中、西南送华东、西南送华中在容量与输电量方面增长规模都十分可观。作为资源富集区，西北地区和西南地区是我国电力系统的主要送端，2050 年外送通道容量分别达到 2.2 亿、0.9 亿千瓦。作为负荷中心，华东地区和华中地区是主要受端，2050 年受入容量分别达到 1.7 亿、2.1 亿千瓦。我国电网将逐渐向"强交强直"输电格局发展，形成各级电网协调发展的坚强结构，为在全国范围内输送配置清洁电力资源奠定坚实基础。

---

❶ 本报告的跨区输电容量为连接我国七大区域电网间的输电通道总容量。同一电网区域内的远距离输电（包括部分西电东送线路）容量未计入。

❷ 我国未来跨区输电优化规模与新能源发电布局关系较大，如果 2050 年东中部新能源装机规模上限在 3.2 节方案基础上分别增加、降低 20%，则我国跨区输电优化容量分别约为 4.6 亿、5.5 亿千瓦。

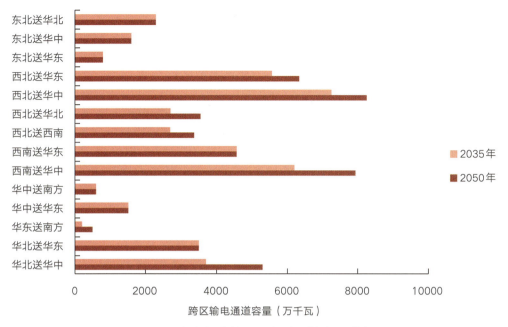

图3-19 再电气化情景下各跨区输电通道容量

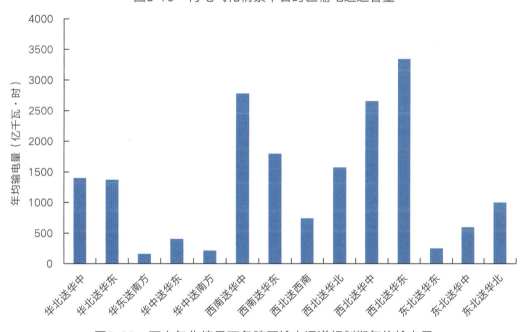

图3-20 再电气化情景下各跨区输电通道规划期年均输电量

资源配置与调节互济是未来跨区互联电网的两大主要功能。一方面，我国能源资源与负荷需求逆向分布的基本国情决定了我国发展特高压网架推进全国资源优化配置的客观需求。未来清洁能源将占据主导地位，我国西部、北部地区的水电、风电、太阳能发电的资源条件都明显优于东中部地区。连接西北地区、西南

地区、东北地区与华东地区、华中地区、华北地区的通道都主要发挥了大范围资源配置作用，2050年输电量达到1.7万亿千瓦·时，占"三华"地区用电量比重达到20%以上。另一方面，新一代电力系统需接纳更多的波动性电源，对系统灵活性提出更高要求，跨区互联电网通过采用更加灵活优化的运行方式，在

全国范围内调度灵活性资源,实现电力供应与负荷需求之间的动态平衡,将有力促进高比例新能源消纳利用。从各通道利用情况来看,连接华北、华中、华东三地之间的联络通道在输送清洁电力的同时更侧重于发挥互济效益和大受端电网安全效益。

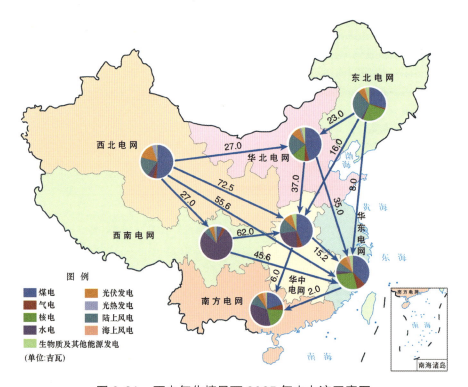

图 3-21　再电气化情景下 2035 年电力流示意图

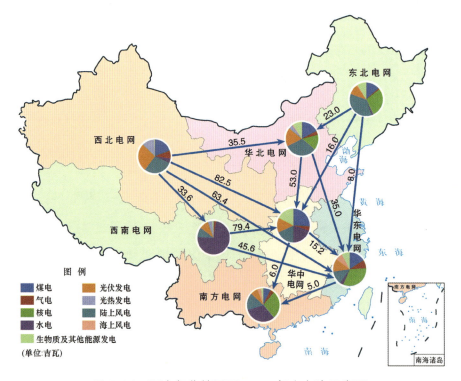

图 3-22　再电气化情景下 2050 年电力流示意图

在主干网架不断强化的同时，依托于分布式清洁能源发电或综合能源优化利用的微电网及分布式能源系统亦具备一定发展潜力。微电网可用于解决特定用户的供电问题，满足用户对电力供应经济性、清洁性或安全性的个性化需求。随着关键技术的创新发展与相关政策的逐步放开，我国微电网与主动配电网将迎来较快发展阶段，并逐步成为未来电力系统的有机组成部分。相对而言，大电网适于电源和用户大规模接入，能够有效解决电源与需求分布不平衡问题，大范围优化配置能源资源；微电网适用于清洁能源的分散开发利用，但受到系统规模、负荷位置的制约，适合在局部范围优化配置能源资源，并且运行通常需要以大电网作为支撑和备用。

3.4 需求侧资源发展

随着能源消费新模式新业态逐步涌现，需求侧资源将在我国电力系统中发挥重要作用。一方面，在节能降耗的发展要求下，以能效电厂模式推动需求侧节能节电，可在规划中替代部分常规电厂建设。另一方面，智能电网、能源互联网的发展能够实现供需双向互动，激励可削减、可时移负荷以需求响应的形式参与系统运行。

能效电厂有助于挖掘需求侧节能潜力，是推进能源消费革命的重要抓手。在需求侧建设能效电厂与在供应侧增加发电装机具有等效作用，且利于节能减排。我国节能潜力可观，尤其是在 2035 年之前，应在电力消费侧大力开展能效电厂项目。2035 年、2050 年我国能效电厂总容量将分别达到 3.8 亿、4.5 亿千瓦左右。华北、华东与南方等负荷富集区是能效电厂布局的重点区域。

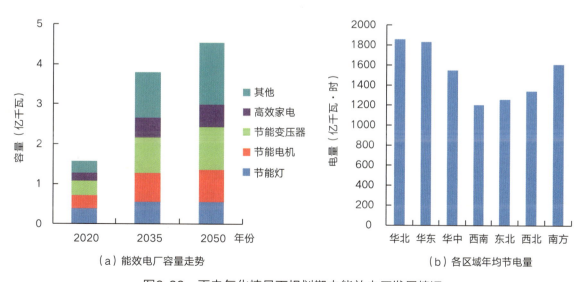

（a）能效电厂容量走势　　　（b）各区域年均节电量

图3-23　再电气化情景下规划期内能效电厂发展情况

需求响应作为一种高效的灵活性资源，对未来高比例新能源电力系统的优化运行至关重要。电动汽车、电采暖、空调等柔性负荷将是需求响应的重要来源。规划期内需求响应容量持续增长，在常规转型情景与再电气化情景下分别达到2.3亿、4.1亿千瓦。需求响应参与到电力系统调度运行中来，不仅能够减小系统峰谷差、提高系统运行效率，还有助于提升系统运行灵活性、促进新能源消纳。

东中部负荷中心与西北、华北新能源基地都应注重挖掘需求响应资源潜力。中短期来看，负荷中心的需求响应发展潜力更大；未来随着新能源的大规模开发，需求响应资源开发应更多转向新能源基地，如发展更多电采暖、电制氢等弹性用电负荷，增强新能源基地的就地消纳能力。

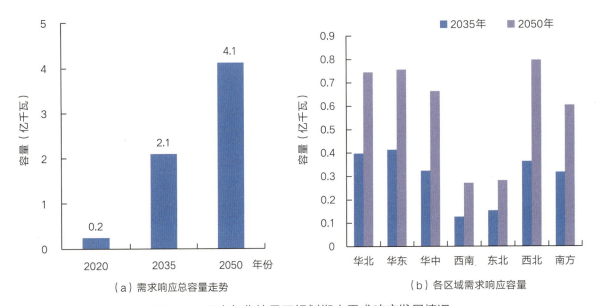

（a）需求响应总容量走势　　（b）各区域需求响应容量

图3-24　再电气化情景下规划期内需求响应发展情况

3.5　储能发展

储能同样是未来电力系统不可或缺的组成部分，将成为新一代电力系统中重要的灵活性资源。储能的大规模建设使用将改变电力发、输、配、用同时完成的特性，将供需之间的实时耦合关系改为跨时段耦合，丰富了电力平衡的手段。同时，储能凭借其灵活、双向的运行特点，可为电力系统调峰调频、新能源消纳等作出重要贡献。

鉴于建设成本等因素，近期电力系统储能仍将以抽水蓄能电站为主。在两情景下，2035年我国抽水蓄能容量将达到约1.0亿~1.1亿千瓦，2050年将达约1.6亿~1.7亿千瓦。受站址资源限制，我国抽水蓄能更多分布在东中部地区。随着优质抽水蓄能站址开发殆尽、建设成本逐渐上升，抽水蓄能电站容量增速将明显放缓。

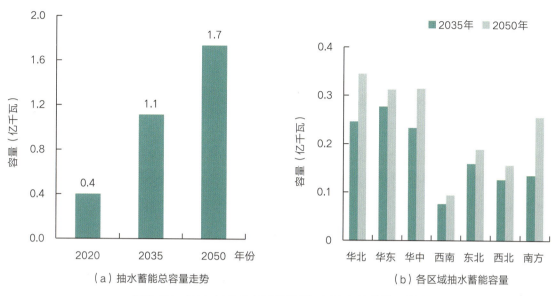

图3-25　再电气化情景下规划期内抽水蓄能发展情况

随着技术日益成熟、成本持续下降，电化学储能将进入快速发展期。特别是在2030年之后，电化学储能容量增速将明显加快，2040年前后超越抽水蓄能成为我国电力系统主要的储能形式。规划结果显示，在常规转型情景与再电气化情景下，2035年我国电化学储能容量将分别达到0.3亿、0.5亿千瓦左右，2050年将分别达到3.4亿、4.2亿千瓦左右。华北、西北、华东、南方等区域的新能源基地与负荷中心都是储能布局的重点地区。技术类型方面，未来储能将以锂离子电池、铅蓄电池为主，其他技术为辅。同时，动力电池梯次利用也将成为电力系统储能的重要组成部分。

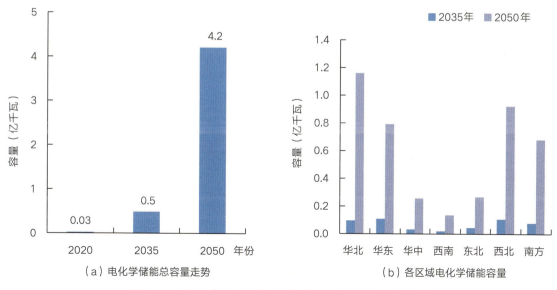

图3-26　再电气化情景下规划期内电化学储能发展情况

3.6 电力系统成本与碳排放

3.6.1 电力系统成本

中长期我国度电平均供应成本呈现先升后降的发展趋势。从中短期来看，电力需求保持较快增长，由于新能源发电技术等仍处于发展期，能源转型需付出一定的经济代价，电力系统成本持续上升。预计我国供电平均成本峰值将在 2025 年前后出现。此后，随着新能源发电成本与系统灵活性资源成本持续下降，能源发展的低碳性目标与经济性目标逐渐重合，能源转型将更多基于市场自主选择。再电气化情景下，由于电力需求水平更高，且更加注重清洁能源发展，度电成本略高于常规转型情景，但二者总体相差不大，差距也呈逐步缩小趋势，2050 年两情景成本基本相同。

在考虑环境外部成本内部化的情况下，2050 年度电成本约为当前水平的 70%。如果不计环境成本，2050 年度电成本约为当前水平的 60%。人人享受更为经济的清洁能源，充分支撑国家经济增长的需求与人民对美好生活的追求。

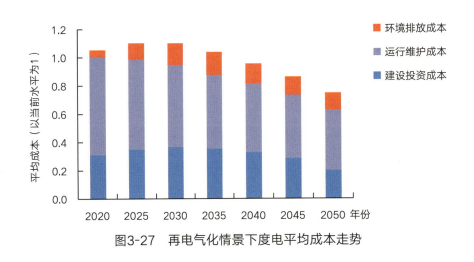

图3-27 再电气化情景下度电平均成本走势

3.6.2 电力系统碳排放

电力系统碳排放将在 2025 年前后达到峰值，峰值水平约为 45 亿~50 亿吨。2035 年以后，尽管再电气化情景下用电量更高，但由于清洁能源发电占比逐渐提高，因此电力系统碳排放量与常规转型情景大致相当，2050 年碳排放水平低于常规转型情景。2050 年电力系统排放量约 18 亿~19 亿吨，占全国碳排放的比重下降至 30% 以下。

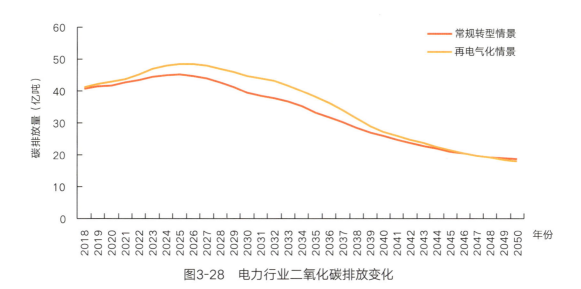

图3-28 电力行业二氧化碳排放变化

清洁能源发电量占比显著上升，推动碳排放强度大幅下降。常规转型与再电气化情景下，2035年非化石能源发电量占比分别达到57.9%、58.3%，2050年分别为77.6%、79.9%。再电气化情景下电力系统对新能源的消纳能力更强，非化石能源发电量占比更高。常规转型情景下，2035年、2050年单位发电量二氧化碳排放分别降至325、151克/（千瓦·时），分别为2017年的55.9%、26.0%；再电气化情景下碳排放强度降幅更大，2035年、2050年分别为317、129克/（千瓦·时）左右，为当前水平的54.6%、22.3%。

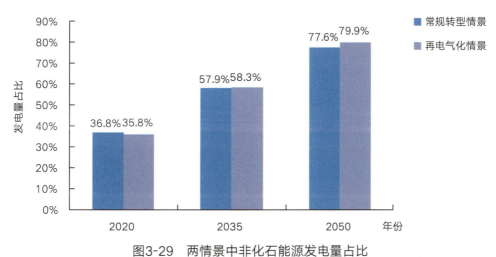

图3-29 两情景中非化石能源发电量占比

图3-30 两情景下度电二氧化碳排放量变化

3.7 小结

本章从电力需求、电源发展、电网发展、需求侧资源与储能发展、电力系统成本和排放等角度对我国未来电力发展进行了展望分析，主要有以下六大趋势判断。

第一，电力需求仍有较大增长空间，2035 年之前保持较快增速，2050 年将在当前水平上翻一番，上限可达约 14 万亿千瓦·时。我国电力需求将持续增长，增速逐步放缓，2035 年达 10.9 万亿 ~12.1 万亿千瓦·时，2050 年达到 12.4 万亿 ~13.9 万亿千瓦·时。建筑部门是电气化水平提升最快的部门，而工业部门仍长期将是我国最重要的电力消费部门。2050 年我国人均用电量将达到约 8800~10000 千瓦·时，介于当前日、德等高能效国家水平与美、加等高能耗国家水平之间。

第二，电源装机增速快于电力需求，2035 年、2050 年有望分别达到 40 亿、50亿千瓦左右。电源结构呈现"风光领跑、多源协调"态势，风电和光伏发电将逐步成为电源主体，煤电装机将在 2025 年至 2030 年前后达到峰值。我国电源装机规模将保持平稳较快增长，2035 年将达到约 35 亿 ~41 亿千瓦，2050 年将达约 43 亿 ~52 亿千瓦。陆上风电、光伏发电将是我国发展最快的电源类型，2050 年两者装机容量占比之和超过一半，发电量占比之和超过三分之一。鉴于新能源发电存在较强的波动性和不确定性，且利用小时数相对较低，为解决新能源大规模发展带来的电力、电量平衡与调峰问题，需要各类电源协调发展。气电、核电、水电等常规电源仍将保持增长态势，煤电装机容量将在 2025 年至 2030 年前后达到峰值，峰值约为 12 亿 ~13 亿千瓦。

第三，电网大范围资源配置能力持续提升，2035 年、2050 年跨区输电容量将达

4亿、5亿千瓦左右，约为当前水平的3倍和4倍，"西电东送""北电南送"趋势日益显著。我国跨区输电通道容量将持续增长，2035年、2050年将由当前的1.3亿千瓦分别增长至4亿、5亿千瓦左右。西北地区、西南地区为主要送端，华东地区、华中地区为主要受端，"西电东送""北电南送"规模呈逐步扩大趋势，尤其是在2035年之前将保持快速发展。电网作为大范围、高效率配置能源资源的基础平台，重要性将愈加凸显，以特高压骨干网架为特征的全国互联电网将在新一代电力系统中发挥更加重要的作用。

第四，需求侧资源与新型储能迎来发展机遇期，2050年能效电厂、需求响应、新型储能的规模都将达到4亿千瓦以上，均超过最大负荷的15%。需求侧资源将在未来我国电力系统中发挥重要作用，能效电厂、需求响应容量稳步增长，2050年资源规模将分别有望达到4.5亿、4.1亿千瓦左右。新型储能在2030年之后迎来快速增长，成为电力系统重要的灵活性资源，2050年装机将达4.2亿千瓦左右。与2017年度报告相比，2018年度规划展望结果中的需求响应和新型储能容量均有较为明显的提高。

第五，电力系统成本将呈现先升后降趋势，度电成本将在2025年前后达到峰值，2050年降至当前水平的60%~70%左右。当前至2025年，电力需求保持较快增长，新能源发电技术等仍处于发展期，能源转型需付出一定经济代价，电力系统成本持续上升。随后，电力发展的清洁目标与经济目标逐渐重合，能源转型将更多基于市场自主选择。在考虑环境外部成本内部化的情况下，2050年度电成本约为当前水平的70%。如果不计环境成本，2050年度电成本约为当前水平的60%。

第六，电力碳排放总量在2025年前后达到峰值，峰值约为45亿~50亿吨，2050年单位电量碳排放强度将降至当前水平的四分之一左右。随着清洁能源发电量占比逐渐提升，电力系统碳排放总量在2025年前后出现峰值，峰值水平约为45亿~50亿吨，2050年电力系统排放量约18亿~19亿吨，占全国碳排放的比重降至30%以下。2050年单位电量碳排放强度约为当前水平的22%~26%。2018年度报告中由于更加审慎地处理了煤电在我国电源结构中的角色，且电力需求预测水平更高，因此电力系统碳排放水平较2017年度展望结果略有提升。

专题**研究**

中国能源电力发展展望 2018

4.1 能源互联网的功能特征

能源互联网是以电为中心，以电网为主要平台，以能源互联互通为方向，智能灵活、多能互补、开放融合的现代智慧能源系统，能够有效支撑可再生能源大规模开发利用，满足各种能源设施便捷接入，支持能源新模式新业态发展。能源互联网的核心特征是破除壁垒、提高效率，通过在环节、系统、地域三个不同维度上融通融合，扩大优化空间，促进能源系统实现更加经济、清洁、安全运行。其功能特征主要体现在三个方面：首先，消除源、网、荷、储不同环节间的壁垒，实现供需双向互动；其次，消除电、气、热、冷等不同能源系统间的壁垒，实现多能协调互补；再次，消除不同区域间局部平衡的壁垒，实现跨区域资源优化配置。

4.1.1 特征一：跨环节——源网荷储协调

源、网、荷、储是能源系统中的主要构成部分，分别实现能源生产、传输、消费、存储功能。在能源互联网发展环境下，伴随着各类电源、电网、需求侧资源与储能的协同发展，各环节不同元素间将存在更多协调互动。**系统调度将以整体最优为目标，统筹安排源、网、荷、储各环节的运行策略，充分发挥各类资源特点，以灵活高效的方式共同推动系统优化运行，促进清洁能源高效消纳。**再电气化情景下，这种特征更为明显，以下展示基于再电气化情景规划方案进行系统优化运行模拟的代表性结果。

随着波动性新能源并网装机比例持续扩大，各类电源调度运行方式将产生明显变化。午间光伏大发时，原本的负荷高峰会成为净负荷❶低谷，净负荷曲线呈现类似"鸭子"形状。电力系统压减可控电源出力以促进新能源消纳的压力将由夜间转为午间，弃风弃光将更多发生在正午前后，2050年该趋势将更加明显。上午与傍晚时段随光伏出力变化，系统调峰资源需具备较高的调节速率。煤电除部分高参数大容量机组及热电联产机组承担基荷外，将发挥重要调峰作用。气电、水电等灵活性电源也将成为系统重要的调节资源。在西北地区，未来光热发电的系统价值将逐步凸显，在晚高峰时段发挥电力支撑作用。此外，在新能源渗透率较高的情况下，风电和光伏发电也将以合理弃风、弃光的形式参与调峰，促进电力系统优化运行。

---

❶ 净负荷（net load），即在负荷需求基础上扣减风电、光伏发电等波动性新能源出力。

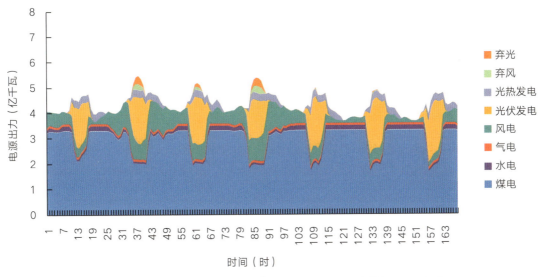

图4-1 西北地区冬季典型周各电源出力情况（模拟2035年）

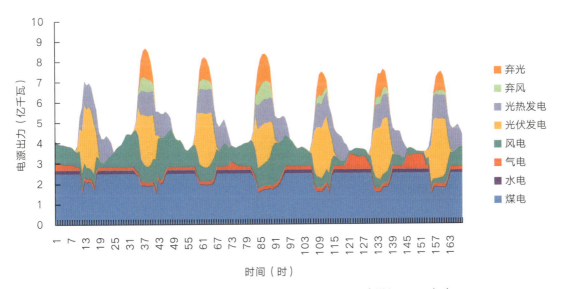

图4-2 西北地区冬季典型周各电源出力情况（模拟2050年）

电网运行方式将更加灵活，有力支撑清洁能源高效配置。在高比例新能源电力系统运行中，各通道输电功率可随各区域新能源可调出力与负荷需求等因素进行逐时调整变化，保障新能源在更大范围实现充分消纳。以2035年和2050年冬季典型周生产模拟结果为例，午间时段西北地区光伏大发而负荷需求有限，电网通过提高电力外送水平，与各类可控电源一起参与系统调节，平抑净负荷曲线波动。其中，2050年由于新能源装机规模更大，净负荷波动程度更强，此时电网输电功率逐时变化程度更高，为系统调峰和新能源消纳做出更大贡献。

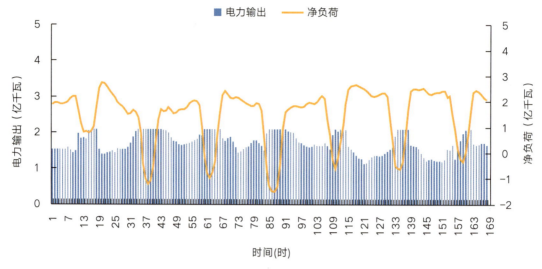

图4-3 西北地区冬季典型周电力输出情况（模拟2035年）

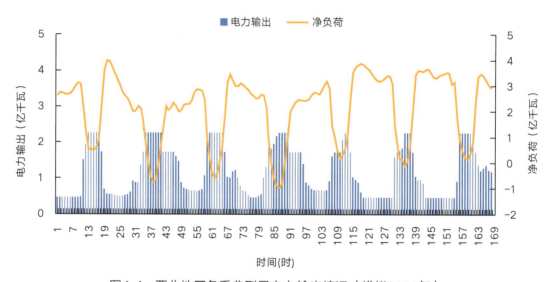

图4-4 西北地区冬季典型周电力输出情况（模拟2050年）

需求响应将更加高频度地参与供需平衡，提高系统对新能源的消纳能力。 当前需求响应的典型运行方式是针对负荷曲线削峰填谷，且通常仅在夏季峰荷时段与春节低谷时段开展。未来在源网荷储协调发展背景下，需求响应对电力系统运行的参与将更加常态化、精细化、自动化，其主要价值将由缓解极端时段电力供需紧张形势转为促进新能源消纳。以 2035 年和 2050 年西北地区冬季典型周生产模拟结果为例，午间光伏大发时段发生可时移负荷转入，在上午和傍晚净负荷局部高峰时段发生负荷削减与可时移负荷转出。

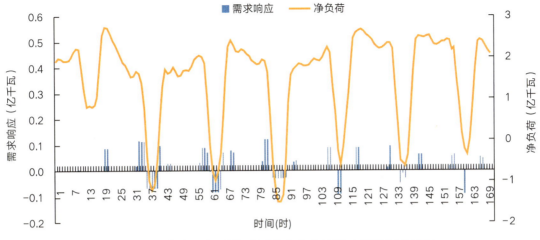

图4-5 西北地区冬季典型周需求响应情况（模拟2035年）

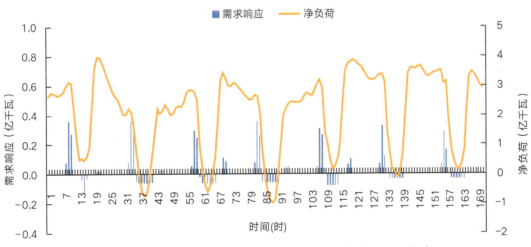

图4-6 西北地区冬季典型周需求响应情况（模拟2050年）

储能将在电力系统中发挥重要调节作用，跟随新能源波动运行。 在不同条件下，"一充两放""两充两放"将是储能的典型运行模式，在午间光伏大发时段及夜间负荷低谷时段储能完成充电，在上午净负荷局部高峰时段及晚高峰时段储能完成放电。以2050年冬季典型周生产模拟结果为例，

由于光伏发展规模较大，光照充足时午间将成为储能主要的充电时段，仅在光照条件有限时储能会在夜间负荷低谷时段充电，通过对净负荷曲线进行填谷，促进新能源发电消纳；另外在净负荷曲线高峰时段通过储能放电进行削峰，支撑系统安全高效运行。

图4-7 西北地区冬季典型周储能出力情况（模拟2050年）

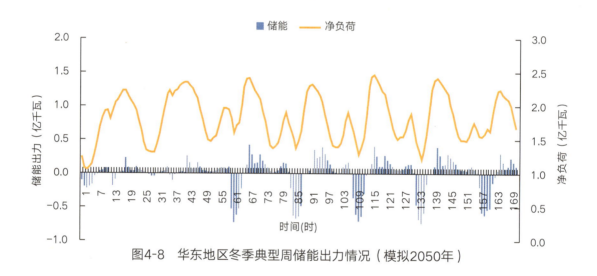

图4-8 华东地区冬季典型周储能出力情况（模拟2050年）

4.1.2 特征二：跨系统——多能互补

在能源互联网发展环境下，通过打破原本相对独立的能源系统，可实现跨系统耦合互补。**电、热（冷）、气等不同能源系统在可存储性、时间惯性、传输损耗特性等方面存在一定差异化特征，终端用户对不同能源品种的需求峰谷分布特性也有所不同，因此不同能源品种间存在协调互补潜力。**

电－热（冷）互补：在供应侧可以将热电联产机组"以热定电"模式改造为"热电

协同"模式，在需求侧可以将蓄热式电采暖（含热泵）负荷作为需求响应资源纳入系统优化调度。根据新能源出力实时变化，优化电热耦合元素运行策略，以热能相对易存储、时间惯性大、供需形势稳定的特点，促进新能源消纳。**电力和热力都是二次能源，具有多来源、多去向的特征，且可相互转化，互补空间较大，适合作为多能互补的切入点。**相对于热，冷与电的互补场景相对较少，实现载体包括制冷空调负荷或冰蓄冷设施等，协同运行机理与电热互补类同。

电−气互补： 近期主要实现路径是对各类燃气发电机组（含热电联产、冷热电三联供）、输电线路和燃气管道的选址定容规划进行跨电−气系统统筹优化。远期随着电转气（P2G）技术逐渐成熟，电能和天然气可实现双向转换，有助于进一步挖掘跨电−气系统互补价值。典型应用场景包括用富裕的波动性电源出力制氢和甲烷，提升系统优化运行能力，促进新能源消纳，但鉴于天然气在我国能源结构中占比不高，我国电气互补总体潜力相对有限。

热（冷）−气互补： 热和气的耦合点主要是燃气锅炉、燃气热电联产、三联供机组等各类燃气供暖设施。这两类能源间仅存在气到热（冷）的单向转换关系，且热力系统、天然气系统都不存在新能源接入、灵活性紧张等问题，互补机理相对简单，主要体现在可统筹热力和天然气系统进行基础设施规划。近期，一个较为现实的应用场景是对各地供气能力和燃气采暖进行统筹考虑，促进天然气供应和清洁供暖发展的协同优化。

考虑到电热互补是最具现实意义的多能互补形式，以需求侧电热互补为例开展实证研究，展望电−热耦合协调优化运行的效益。本报告基于再电气化情景下2035年规划方案，分析华北地区电采暖负荷优化调度对系统的影响。分别设置基准场景（不考虑电采暖）、一般场景（日采暖电量2.4亿千瓦·时）、强化场景（日采暖电量4.8亿千瓦·时），假设其中一半的采暖负荷具有可时移性，对冬季典型周进行系统运行模拟。由模拟结果可知，采暖负荷运行状态与新能源发电出力高度相关，当新能源大发时部分采暖设备启动运行或增大功率，当可用新能源资源相对匮乏时部分采暖设备关闭或减小功率，充分发挥热负荷的时间惯性与蓄热的可时移性优势。

图4-9 华北地区冬季典型周采暖负荷优化运行状态与新能源发电出力（模拟2035年）

通过挖掘电-热互补潜力，利用热力易存储、时间惯性大的特点，补充电力系统灵活性，扩大新能源消纳空间，将明显降低弃风率与弃光率。鉴于风资源时序分布特性与供热需求重合性更高，因此通过电采暖实现电热互补优化运行对风电消纳的促进作用比光伏发电更为明显。

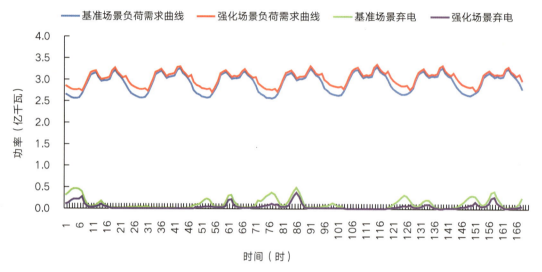

图4-10 华北地区冬季典型周实际负荷需求曲线与新能源弃电情况（模拟2035年）

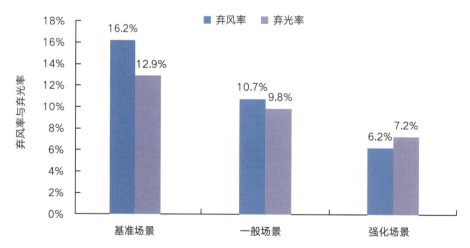

图4-11 不同场景下华北地区冬季典型周弃风率与弃光率（模拟2035年）

此外，通过多能互补，促进系统集成优化，改善能源供应结构，还可有效降低系统运行成本与二氧化碳排放水平，实现经济效益与环境效益的协同。

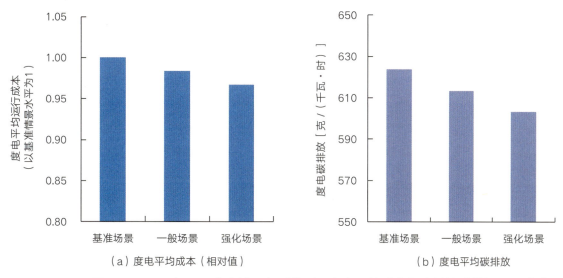

（a）度电平均成本（相对值）　　　　　　（b）度电平均碳排放

图4-12　不同场景下华北地区冬季典型周度电平均成本与碳排放（模拟2035年）

4.1.3　特征三：跨地域——空间互联互济

在空间维实现互联互通是各种网络的基本属性，更是能源互联网的重要特征。 不同地域间在能源资源条件、负荷需求特性等方面存在一定互补性，可通过能源互联网实现供需动态平衡，促进资源大范围优化配置。特别是在未来高比例新能源场景下，风电、光伏发电出力具有较强的波动性、随机性与反调峰特性，通过扩大联网范围，可有效平抑波动，实现等效调峰效果。

风电和光伏发电均具有一定的跨区域互补效应。 通过分析典型周内各区域可用风电和光伏发电曲线，分别计算各区域功率曲线峰谷差及全国合计曲线峰谷差，可见不同区域间在风电和光伏发电出力方面均存在一定的互补特性。其中，风电的跨区域互补特征更为明显。通过有效把握不同区域间新能源资源时序特性，扩大跨区电力配置能力，可有效降低新能源波动对系统产生的影响。

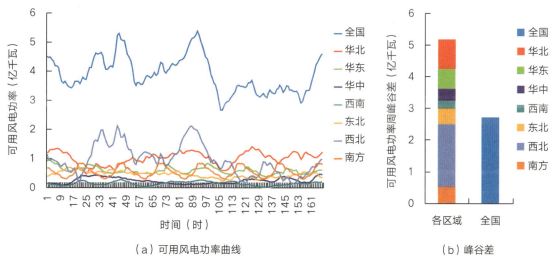

（a）可用风电功率曲线　　　　　　　　（b）峰谷差

图4-13　冬季典型周各区域及全国风电功率波动情况（模拟2050年）

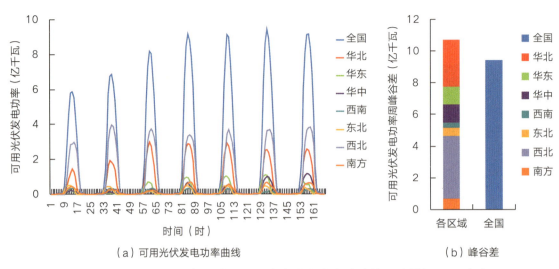

（a）可用光伏发电功率曲线　　（b）峰谷差

图4-14　冬季典型周各区域及全国光伏发电功率波动情况（模拟2050年）

通过合理安排跨区域电力配置方案，可有效降低各区域净负荷波动。互联电网亦可被视为一种调峰资源。与调节电源、储能等相比，互联电网虽然本身不生产和消耗电力，无法直接参与供需平衡，但通过在空间维度实现互联互济，有效挖掘并利用不同区域间的净负荷时序互补特性，可产生与其他调峰资源类似的效果。以2050年西北地区为例，西北地区向华东、华中地区的输电方式均依据不同区域间净负荷曲线的波动差异进行安排，促进大范围内电力实时优化平衡，可在一定程度上平抑净负荷曲线波动。

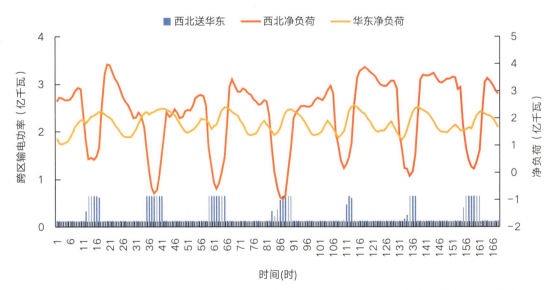

图4-15　西北地区和华东地区冬季典型周净负荷曲线及跨区输电功率（模拟2050年）

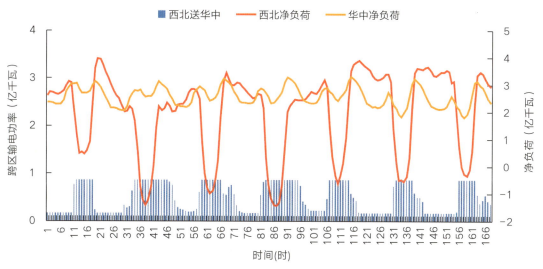

图4-16 西北地区和华中地区冬季典型周净负荷曲线及跨区输电功率（模拟2050年）

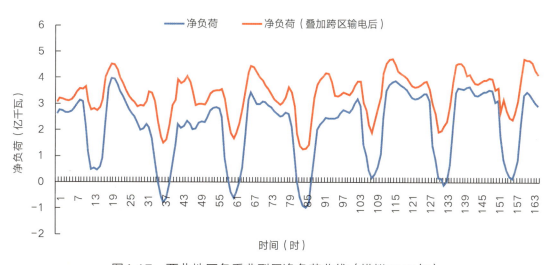

图4-17 西北地区冬季典型周净负荷曲线（模拟2050年）

跨区互联电网可为全国电力系统贡献约10%的净负荷调峰效益。在2035年冬季典型周内，跨区输电通道优化运行使各区域净负荷峰谷差之和减少了1.1亿千瓦。鉴于净负荷需求曲线是系统安排调峰的基准，跨区互联电网通过合理安排输电方式，产生了1.1亿千瓦的调峰效益。在2050年冬季典型周，跨区输电通道的调峰价值达到1.4亿千瓦。

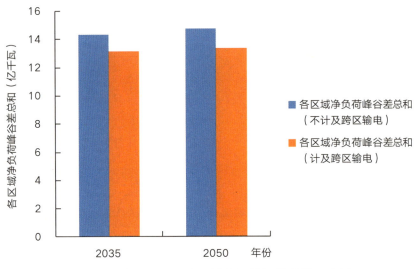

图4-18　冬季典型周跨区输电通道调峰价值示意图

4.2　我国煤炭减量化的合理路径

煤炭行业是我国重要的基础部门，长期以来对支撑国民经济发展做出了巨大贡献。近年来，煤炭生产与消费对生态环境造成的负面影响受到社会各界的广泛关注。我国的资源禀赋条件决定了煤炭在能源和电力结构中的重要地位在相当长时期内不会改变，但煤炭消费减量化应成为我国中长期能源发展中的重要趋势。在当前加大生态文明建设的政策环境下，煤炭减量化发展的合理路径成为我国能源转型中的重要命题。

4.2.1　煤炭减量化合理路径

（一）总量调减分析

煤炭在工业化进程中发挥了巨大作用，同时煤烟型污染也成为大气污染的重要成因。1956年，英国、美国以及德国等主要工业化国家为治理雾霾天气，大幅度引入天然气替代煤炭，开创了液化天然气之先河，成为世界能源清洁化的转折点。到1965年左右，全球完成了煤油交替，除了中印之外，主要工业国家和能源消费大国的煤炭消费占比和消费总量均持续下降[1]。

从优化能源结构、减少环境污染、推动供给侧结构性改革的现实需求出发，我国也提出了煤炭减量化目标，计划从2016年开始，用3~5年的时间，煤炭行业退出产能5亿吨左右、减量重组5亿吨左右。从目前情况看，去产能工作完成情况超出预期，2016—2017年化解过剩产能超5亿吨。2016年退出资源枯竭、长期亏损、安全基础差的煤矿2000处以上，截至2017年底，全国煤矿从2015年1.1万处下降到7000处左右[2]。

❶ 李俊峰. 去煤化是世界能源发展趋势 [J]. 中国电力企业管理，2013(23): 83-86.
❷ 于学华. 两会话能源·煤炭篇, 中国电力新闻网, 2018年03月12日.

煤炭消费总量已进入峰值平台期，峰值为 28 亿吨标准煤左右，2025 年后步入快速下行通道。我国已经进入煤炭消费的总量控制阶段，但由于能源资源禀赋特征和煤炭价格成本优势等影响，预计煤炭消费总量在 2020－2025 年处于峰值平台期，峰值约为 28 亿吨标准煤，仍占据一次能源消费的主体地位。2025 年后煤炭消费总量将呈快速下降趋势，到 2035 年、2050 年煤炭消费总量分别约为 20 亿吨标准煤、10 亿吨标准煤，其一次能源消费中的占比分别约为 36%、18%。

图4-19　煤炭消费总量变化

与发达国家相比，我国煤炭在能源消费中仍将保持较高的比重，长期来看仍将占据重要位置。发达国家为减煤并实现煤炭的高效集中利用，主要将煤炭用于发电，煤炭作为终端能源消费的比例很低：欧盟低于 5%，英国低于 3%，美国低于 5%，德国低于 4%，日本低于 3%。全球除中国之外，煤炭占终端能源消费的比例不到 5%，仅占全部煤炭消费的 1/4❶。考虑到中国工业发展实际以及煤炭作为工业原材料利用仍具有一定潜力，预计中国煤炭用于终端消费的比例在 2035 年降至 35% 左右，2050 年比例仍超过 30%。

煤炭清洁利用技术的突破与发展，或将成为煤炭消费总量调减的关键影响因素。碳捕获、利用与封存（CCUS），整体煤气化联合循环发电系统（IGCC）等，是促进煤炭清洁化利用、提高煤炭利用效率、增加煤炭附加值、减少碳排放的重要技术。CCUS 被列入《能源技术革命创新行动计划（2016－2030 年）》以及《"十三五"应对气候变化科技创新专项规划》，将在煤化工、火力发电等行业具有应用空间。IGCC 将煤气化和燃气-蒸汽联合循环发电技术集成，具有发

❶ 李俊峰 . 去煤化是世界能源发展趋势 [J]. 中国电力企业管理，2013(23): 83–86.

电效率高、污染物排放低，二氧化碳捕集成本低等优势。煤炭清洁化利用技术的发展和应用，将推动煤炭工业转型升级，促进煤炭在发电供热和终端使用中的能效提升、排放降低，可能延缓煤炭的减量化进程，使煤炭在我国能源结构中发挥重要的作用。

（二）结构特点分析

从煤炭利用结构来看，发电供热用煤占比逐渐提高。 由于燃煤发电相比于其他煤炭利用方式具有利用效率高、污染物可集中高效治理的优势，因此发达国家发电供热用煤占煤炭消费的比重较高。2015 年，我国发电供热煤炭消费约 13.5 亿吨标准煤，占煤炭消费总量的 49%，与世界平均水平基本持平，但明显偏低于美国、德国等发达国家。2020 年后，发电供热煤炭消费占比将达到 55% 以上，超过工业和建筑等终端部门，

占据煤炭消费的主导地位。发电供热煤炭消费比例持续上升，预计 2050 年将达到 65% 左右。

终端用煤比重持续下降，将主要集中于工业部门。 2015 年终端煤炭消费约为 14 亿吨标准煤，其中工业部门消费为 12.2 亿吨标准煤，占终端消费的 87%。随着高耗能产品产能达到峰值、钢铁行业的产能置换等，工业部门煤炭消费将逐步减少，预计到 2035 年、2050 年分别下降到 6.3 亿、3.4 亿吨标准煤以下。建筑部门煤炭消费主要用于分散式燃煤取暖和少量炊事，随着北方地区集中供暖、清洁供暖逐步取代散煤燃烧，建筑部门用煤将大幅减量。随着我国电力需求（含集中供热）的较快增长，工业与建筑等终端部门用煤占比将进一步缩减。

图4-20 终端用煤部门结构变化

从终端用煤品种来看，焦炭及其他焦化产品、煤气等占比将明显提升，主要集中于钢铁、煤化工等行业。 整体来看，我国终端用煤主要以原煤、焦炭和其他焦化产品为

主，随着煤炭消费总量的逐年下降，终端部门中各类煤炭的消费量均呈逐年下降趋势。从结构占比来看，2015 年原煤、焦炭和其他焦化产品的消费总量占终端用煤比例分别

约为 51.8%、33.6%。集中供暖、清洁采暖的推行导致原煤消费的大幅减量,焦炭和其他焦化产品的消费比例将逐年增长,至 2030 年后将超过原煤成为终端煤炭消费的主要品种,到 2050 年约占终端煤炭消费总量的 50%。另外,随着项目成本大幅下降、新型煤气化技术日渐成熟,相对其他煤炭消费类型,煤气等煤化工产业用煤的消费占比将逐渐增加。

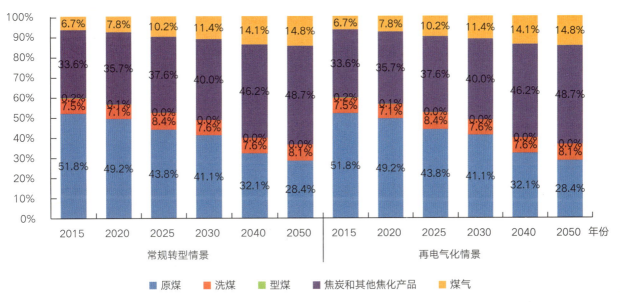

图4-21 终端用煤消费品种构成变化

(三)实施路径

实施煤炭减量化发展,需围绕供给侧结构性改革、企业转型发展、产业结构调整等重要契机,从源头到终端推进全生命周期煤炭清洁高效利用。在当前和今后一个时期,亟需积极推进能源供给侧结构性改革,逐步减少煤炭的终端利用,建立健全相关制度,促进煤炭行业健康发展。

一是积极推动煤炭生产和消费结构性改革,化解过剩产能、提升优质产能。支持引导煤矿企业发展新动能、开发新产业,大力提升煤炭优质产能供给能力,实现煤炭燃料和煤的伴生资源的清洁高效利用、煤基材料延伸产业链的科学优化布局,有效化解煤矿企业自身困境,盘活现有资源,实现脱困发展,促进煤炭行业化解过剩产能。

二是鼓励支持煤炭清洁化利用技术的创新与突破,带动煤炭产业转型升级。充分、高效、清洁利用煤炭是煤炭产业转型发展的关键。发展应用 CCUS、IGCC 等技术,提升煤炭在煤化工、钢铁等行业中的利用效率和清洁水平,促进煤炭使用过程的碳捕获、利用和封存,实现煤炭利用的能效提升、排放降低,促进煤炭在我国能源结构中继续发挥重要作用。

三是逐步降低煤炭终端消费量,协同推进煤炭减量化与替代能源建设。鉴于集中利用是实现煤炭清洁化发展的重要方式,应鼓励提高电煤和煤炭深加工用煤比重,减少煤炭在终端的直接使用,尤其是减少居民采暖对散煤的需求量。同时，需同步统筹电力、天然气等替代能源建设，因地制宜，合理优化能源消费结构，平稳推动煤炭消费减量化。

四是探索建立健全促进煤炭行业健康发展相关制度机制。 优化煤炭资源配置方式，深入推进煤炭交易市场体系建设，建立政府与市场主体、社会力量共同应对煤炭价格波动的运行机制，促进交易市场规范运行。结合煤炭开采布局和产运需结构变化，逐步建立健全以最低库存和最高库存为主要内容的企业社会责任储备制度，进一步增强产能调控能力。通过建立减量置换和指标交易制度，引导过剩产能加快退出，推进结构优化、产业升级，实现先进产能替代落后产能。

4.2.2 煤电发展合理路径

（一）总量演化趋势

近年来，我国火电利用小时数水平较低，2017 年仅为 4209 小时，煤电机组利用水平偏低引起广泛关注，特别是随着能源清洁低碳化转型要求日益迫切，我国未来煤电装机规模总量和角色定位成为能源电力发展的焦点问题。与此同时，我国"富煤、贫油、少气"的资源禀赋特征决定了煤炭在我国能源供应中的基础地位，并且集中发电是一种相对清洁的煤炭利用方式，因此我国控减煤电的程度和速度不宜盲目效仿其他国家。

当前我国电力需求增长超出预期，加之再电气化进程深入推进，需要持续滚动修正电力需求预测，在此基础上科学确定煤电合理装机规模。根据我国电力系统整体规划模型测算结果，**我国煤电装机容量还将保持 10**

年左右的小幅增长，于 2025 年至 2030 年前后达到峰值，峰值约为 12 亿~13 亿千瓦。2040 年，煤电容量逐步下降至约 9 亿~10 亿千瓦；2050 年，下降至约 7 亿~8 亿千瓦。

上述结果中未考虑 CCUS 等技术的影响。如果未来 CCUS 技术不断突破成熟，煤电加装 CCUS 后成本仍具有经济竞争力，则我国煤电装机减量化过程会大为放缓，煤电在我国电源结构中还将持续扮演重要角色。

（二）布局调整趋势

从区域布局来看，**华东地区与华北地区是中长期煤电减量化潜力最大的区域**，2050 年装机容量相对于当前水平都将下降 1 亿千瓦左右。东北地区、华中地区、西南地区、南方地区煤电减量化潜力适中。**西北地区煤电达到峰值时间最晚，将持续增长至 2035 年前后，达到近 3.5 亿千瓦，并且是唯一一个 2050 年煤电装机容量高于当前水平的区域**。我国仍需在西北资源富集区建设一批技术先进的煤电机组。第一，从经济性角度，在西北地区建设煤电机组有助于发挥大基地集中开发利用资源的低成本优势，依托大电网在全国范围内优化配置资源。第二，从环境承载力角度，东中部地区煤电密度高、环境污染问题严重、控减煤电压力较大，考虑到我国仍然需要一定煤电增量，在环境承载能力相对较强的西部北部地区布局煤电机组是合理选择。第三，从系统安全角度，西北地区是我国优质的风电和太阳能发电资源区，大规模新能源装机并网消纳对电网安全形成一定挑战，需要常规发电机组与之配合，支撑新能源高效消纳利用。

图4-22 再电气化情景下各区域煤电装机容量变化

从在电源结构中的份额来看，**未来我国煤电装机容量占比呈持续下降趋势，2050年全国煤电装机占比下降至15%左右**。除西南地区电源结构特殊外，其余地区煤电装机普遍下降至当地电源结构的约10%~20%区间。

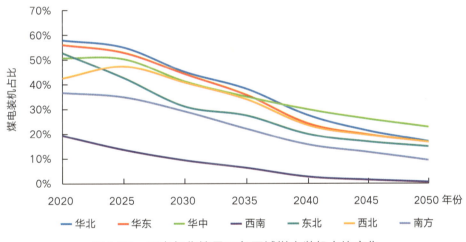

图4-23 再电气化情景下各区域煤电装机占比变化

（三）功能转变分析

伴随着我国电源结构变化，煤电在电力系统中的角色也将逐渐发生变化。本报告采用的电力系统规划模型中包含了统筹考虑源网荷储各类资源的电力平衡与电量平衡，同时针对新能源发展给电力系统带来的调节压力，计及了调峰容量约束。通过分析电力规划结果中煤电在电力平衡、电量平衡、调峰容量中的贡献度，可反应不同阶段不同区域煤电发挥的作用。

煤电将逐步由电量供应主体向电力供应主体转变。在系统规划阶段的电力平衡中，由于新能源发电出力的不确定性与反调峰特性，其置信水平非常有限。**风电机组在电力平衡中的置信度通常为5%~20%；光伏发电机组由于在夜间没有出力，对晚高峰电力**

平衡贡献为零，对于最大负荷出现在夜间或者最大负荷出现在午间但晚高峰与午高峰相差不大的情况无法计入电力平衡。因此在高比例新能源电力系统中，煤电的电力保障供应作用显得较为重要，到 2050 年煤电仍将是我国电力平衡的最大贡献者，贡献度超过四分之一。在电量供应方面，煤电需尽可能为清洁能源腾出空间，仅部分高参数大容量煤电机组和热电联产机组仍将发挥其高效供应电量的作用。2035 年，我国煤电机组平均利用小时数将降至约 3000～3500 小时；2050 年，将进一步降至约 2500～3000 小时。

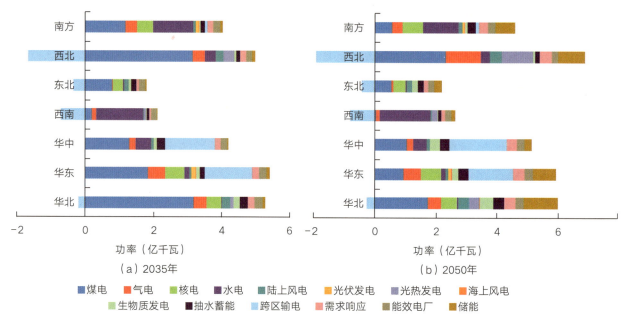

图4-24 再电气化情景下各区域各类资源电力平衡贡献示意图

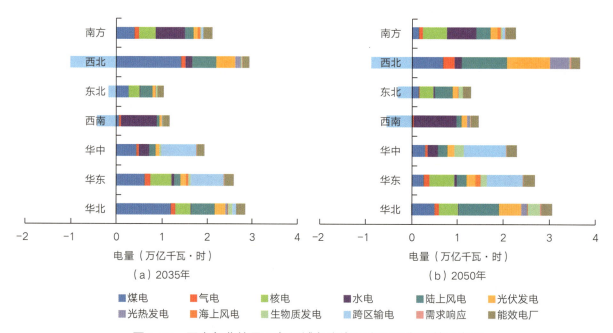

图4-25 再电气化情景下各区域各类资源电量平衡贡献示意图

煤电机组将更多参与系统调峰运行。在新型储能逐步推广应用的同时，煤电将长期是我国最经济可靠的电力调节资源。一方面，我国有大量煤电存量机组，如能通过灵活性改造挖掘 20%~30% 的调节潜力，则可释放出巨大的调峰容量。另一方面，相对于建设调节电源、抽蓄、储能等，煤电灵活性改造是成本最低的系统灵活性提升方式❶。但并非所有煤电机组都适合深度调峰运行，例如近年来我国建设的一批超超临界机组，降出力运行会明显影响其运行效率❷。因此对不同煤电机组应采取差异化策略，着重挖掘容量参数偏低的煤电机组调峰潜力。

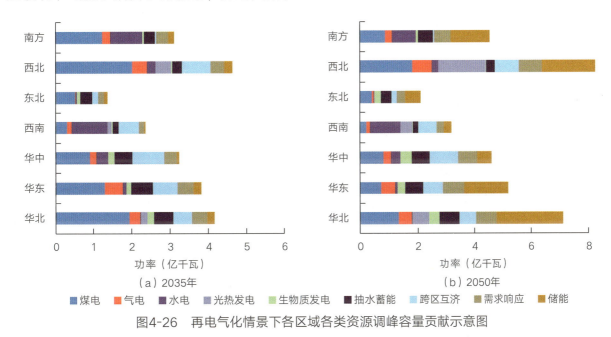

图4-26　再电气化情景下各区域各类资源调峰容量贡献示意图

总体来看，**煤电将长期在我国电力系统中发挥关键作用，在电力平衡和系统调峰中占据重要位置。**由生产模拟结果可见，我国未来始终需要保持一定规模的煤电机组参与电力系统调度运行。**出力规模方面**，以 2035 年夏季最大负荷周和冬季最大负荷周为例，煤电出力分别大致在 8 亿~12 亿千瓦、6 亿~11 亿千瓦；2050 年夏季最大负荷周和冬季最大负荷周，煤电出力均大致处于 4 亿~7 亿千瓦区间，煤电的可靠稳定出力对于系统电力平衡起到不可替代的作用。**出力位置方面**，煤电将长期处于基荷和腰荷位置，2050年系统仍需部分高参数大容量煤电机组承担基荷，同时部分机组将在腰荷发挥调峰作用。在午间新能源大发阶段，煤电机组大幅压减出力为新能源创造消纳空间；在下午光伏出力逐渐减小到晚高峰时段（即"鸭子曲线"的"脖子"部分），煤电将作为最主要的灵活调节资源根据系统需要提高出力，保障高比例新能源电力系统安全稳定运行。

❶ 煤电灵活性改造成本约为 50~200 元 / 千瓦。按照产生单位调节能力所需的成本计算，煤电灵活性改造成本远低于建设抽水蓄能、新型储能和燃气机组等调峰电源。
❷ 超超临界机组满负荷、半负荷运行状态下，煤耗水平分别约为 270、310 克 /（千瓦·时）。

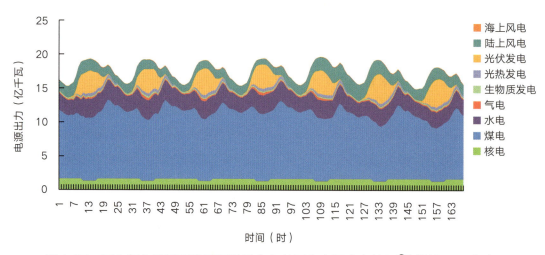

图4-27 再电气化情景下我国夏季最大负荷周各电源出力情况❶（模拟2035年）

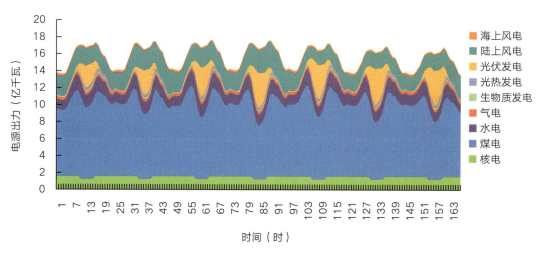

图4-28 再电气化情景下我国冬季最大负荷周各电源出力情况（模拟2035年）

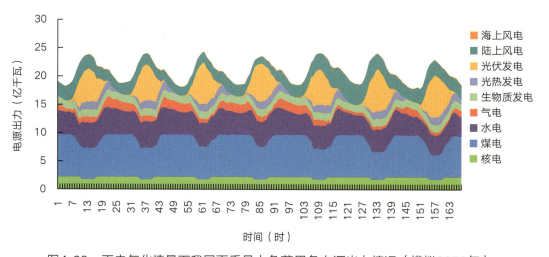

图4-29 再电气化情景下我国夏季最大负荷周各电源出力情况（模拟2050年）

---

❶ 由各区域的各类电源出力优化结果求和得到。

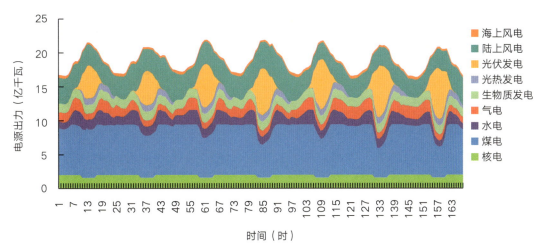

图4-30　再电气化情景下我国冬季最大负荷周各电源出力情况（模拟2050年）

（四）实施路径

防范化解煤电产能过剩风险，应充分利用当前我国供给侧改革、电力体制改革和国有企业改革等有利因素，近期以控制新增产能和淘汰落后产能为抓手，远期以完善市场建设为目标，系统推进我国煤电产能疏解工作，保障煤电行业平稳健康发展。

一是有效控制新增产能，促进煤电布局西移。持续研究我国煤电合理装机容量，有效把控新增产能规模与布局，加强不同电源之间、电源与电网之间的统筹协调规划。通过滚动修订电力发展规划、指导监督省级电力规划等手段，建立约束机制，合理控制新增煤电项目，谨慎审批自备电厂，有序发展热电联产，尤其是在环境污染问题较为严重的东中部地区，应从严控制煤电发展规模。在西部地区，可根据实际情况科学推进大型煤电基地开发，实施煤电一体化发展，促进我国煤电布局向西部转移。

二是有序淘汰落后产能。综合考虑技术水平、资源禀赋、地理区位、能源供需、环境保护等方面因素，建立落后产能负面清单，主要针对中小规模、高能耗、高污染的煤电企业有序化解现有过剩产能，优先淘汰煤电机组密度高、空气污染严重的东部地区产能。鉴于我国近年来投入大规模资金建设的高参数大容量机组调峰运行会造成效率降低、排放增加，去产能时宜适度保留部分60万、30万千瓦的亚临界机组，充分挖掘其调峰与备用价值。

三是建立有利于煤电产业健康发展的体制机制。长期来看，需建立健全煤电企业的市场化运营机制，结合电力市场改革、混合所有制改革、市场准入制度改革等方面政策，不断提高煤电领域的市场化和开放水平。加快建立辅助服务市场，完善辅助服务市场规则，以经济激励引导煤电完成角色转变。鼓励煤电企业间的纵向兼并重组，增强企业抗风险能力。

4.3 我国能源高质量发展内涵与实现路径

当前，我国经济已由高速增长阶段转向高质量发展阶段。作为支撑经济发展的基础产业与影响生态环境的重要行业，能源行业的高质量发展对我国经济高质量发展至关重要。党的十九大报告提出，要构建清洁低碳、安全高效的能源体系。在相当长一段时期内，切实扭转规模数量型、粗放发展型的传统能源生产消费模式，实现能源高质量发展，是我国能源发展的重要任务。本专题从能源高质量发展的内涵出发，通过比较常规转型路径和再电气化路径的优劣，提出以再电气化路径作为我国能源高质量发展的路径选择以及相关政策建议。

4.3.1 能源高质量发展的内涵

随着能源工业几十年来的长足发展，我国已经形成了煤炭、石油、天然气、非化石能源全面发展的能源供给体系，为能源高质量发展创造了良好条件。与此同时，我国能源发展依然面临能源需求压力大、供给制约多、能源生态环境影响严重、体制机制不完善等问题，并伴随着未来能源技术颠覆性创新和系统变革的诸多挑战。能源效率、能源结构、能源安全成为影响我国能源高质量发展的三大关键所在。因此，**立足我国能源发展实际，要解决我国能源发展面临的现有问题和未来挑战，归根结底是要在能效、结构、安全三个方面着力推进能源转型，实现能效高、结构优、安全有保障为主要特征的能源高质量发展。**

图4-31 能源高质量发展的内涵

（1）能效高。 提升能效水平是能源发展的永恒主题，是实现我国能源高质量发展的必然要求。当前，我国能耗强度明显高于世界平均水平及发达国家水平。按照汇率法计算，2016 年我国单位 GDP 能耗是世界平均水平的 1.6 倍，是 OECD 国家平均水平的 2.3 倍 ❶。要达到能效高的目标，就需要应用先进的技术和管理手段，在能源生产、转

❶ 林卫斌 . 能源数据简明手册 2018[M]. 北京：经济管理出版社，2018.

化、输配和消费等各环节做到高效集约、协同提效，实现能源发展从总量扩张向提质增效转变。

（2）**结构优**。优化能源结构是新一轮能源变革发展的必然趋势，是实现我国能源高质量发展的客观要求。2016 年我国煤炭消费占一次能源消费总量的 62%，高出世界平均水平 34 个百分点，非化石能源消费占比 13%，与 OECD 国家 18.7% 的平均水平还存在差距❶。要达到能源结构优的目标，就需要通过一次和终端能源消费结构的优化，实现能源清洁利用、低碳转型，降低能源生产、运输、使用过程中的环境污染物和温室气体排放。

（3）**安全有保障**。能源安全是事关国家经济社会发展和人民根本利益的全局性、战略性问题，是实现我国能源高质量发展的应有之义。近年来，我国能源对外依存度持续上升，2017 年我国石油对外依存度达到 67.4%❷，高于国际普遍认为的 50% 安全警戒线。要达到能源安全有保障的目标，就需要促进能源的高水平供应和来源多样化，合理控制能源对外依存度。

为便于进行量化评估，本专题选取了能效、结构、安全方面的关键指标开展量化分析。能效方面选取了一次能源需求总量、终端能源需求总量、单位 GDP 终端能耗三项指标，结构方面选取了一次能源中非化石能源占比、清洁能源发电装机容量、碳排放强度三项指标，安全方面选取了石油对外依存度、天然气对外依存度、能源自给率三项指标。

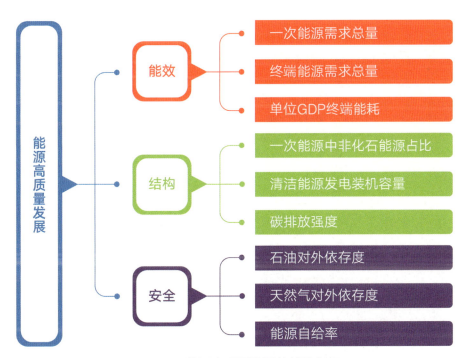

图4-32　能源高质量发展的关键指标

❶❷ 林卫斌. 能源数据简明手册 2018[M]. 北京：经济管理出版社，2018.

4.3.2　能源高质量发展的路径分析

本报告设置了常规转型与再电气化两个情景，在第2章、第3章中进行了两个情景下的能源和电力发展展望。本专题将两种情景作为能源高质量发展的两种路径，基于能源高质量发展的内涵，分析能效、结构、安全保障三个方面主要指标的演化趋势，结合第2章、第3章展望内容，进一步对比和总结常规转型路径和再电气化路径之间的共性和差异，由此得出能源高质量发展的可行路径。

（一）能效方面

未来我国能源效率将不断提高。2030年前各项指标加速提升，2030年后趋于稳定，2035年后终端能效水平达到目前世界先进水平。终端能源需求总量、一次能源需求总量

分别在2020年后、2025年后进入增长饱和阶段，2030年后都将进入峰值平台期，并基本保持总量稳定。两种路径下，单位GDP终端能耗持续下降，并最快将在2035年后达到目前世界先进水平。

相比常规转型路径，再电气化路径下能效提升更快。再电气化路径下我国能源需求总量更少，达到峰值时间提前，峰值水平更低，终端能源需求与一次能源需求峰值分别比常规转型路径低约3亿吨标准煤、2亿吨标准煤，能源利用效率提升程度快于常规转型路径。再电气化路径下，终端电气化水平提高使能源消费强度和能源消费弹性系数下降更快，可以更加充分地实现能源发展从总量扩张向提质增效转变，高效支撑我国经济增长和人民生活水平提升。

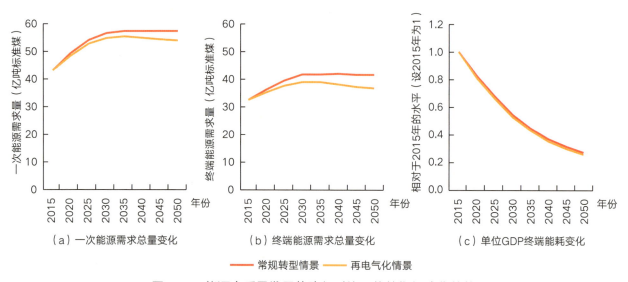

（a）一次能源需求总量变化　　（b）终端能源需求总量变化　　（c）单位GDP终端能耗变化

—— 常规转型情景　　—— 再电气化情景

图4-33　能源高质量发展的路径对比：能效指标演化趋势图

（二）结构方面

未来我国能源结构将朝着绿色低碳方向发展。随着煤炭消费、煤电装机相继达到峰

值，我国能源结构加速优化，2035年后将发生质的变化，非化石能源占据主导地位，清洁能源发电成为电源主体。一次能源中非化

石能源占比快速增长，非化石能源消费总规模将在2035-2040年期间超过煤炭成为体量最大的能源消费类型。随着煤电装机容量在2030年前后达到峰值，陆上风电、光伏发电等清洁能源发电的装机容量进一步加快增长，逐步成为中国电源结构主体。碳排放强度方面，2020年、2030年碳排放强度的下降幅度均可使我国实现承诺的自主减排目标，并在其后逐步放缓下降幅度。

相比常规转型路径，再电气化路径下能源结构优化效果更加明显。 再电气化路径下煤炭需求下降速度更快，石油需求峰值水平更低，清洁能源发电装机容量增长更快、规模更大。煤炭需求在2020-2025年处于峰值平台期，峰值为28亿吨标准煤左右，再电气化路径下煤炭需求到2035年、2050年分别降至19.6亿、9.2亿吨标准煤，较常规转

型路径低1.2亿、0.6亿吨标准煤。石油需求在2030年左右达到峰值8.2亿吨标准煤，峰值水平较常规转型路径低1.3亿吨标准煤，并且达到峰值后下降速度更快。再电气化路径下清洁能源发展与利用水平较常规转型路径更高，清洁能源发电装机容量在2035年、2050年分别比常规转型路径高3亿、7亿千瓦。非化石能源在一次能源消费中的占比与清洁能源发电量在总发电量中的占比高于预期，可超额完成能源革命战略目标❶。2025年前后能源燃烧二氧化碳排放量达到峰值，常规转型路径、再电气化路径的峰值水平分别为107亿、103亿吨，两路径下的2030年、2050年碳排放强度下降70%、90%以上，再电气化路径下碳排放强度较常规转型路径更低，并且两种路径下碳排放强度的差距将随着时间推移逐渐拉大。

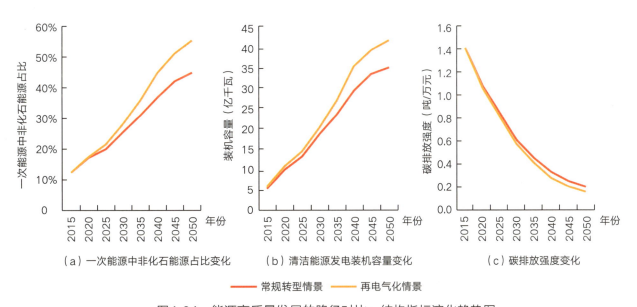

（a）一次能源中非化石能源占比变化　　（b）清洁能源发电装机容量变化　　（c）碳排放强度变化

━━ 常规转型情景　　━━ 再电气化情景

图4-34　能源高质量发展的路径对比：结构指标演化趋势图

---

❶《能源生产和消费革命战略（2016-2030）》中提出"2030年，非化石能源发电量占全部发电量的比重力争达到50%；2050年，能源消费总量基本稳定，非化石能源占比超过一半"。

（三）安全方面

未来一段时期我国能源安全仍将面临一定挑战。2030 年前油气对外依存度持续攀升，能源供应保障压力持续增大。2030 年后油气对外依存度逐渐趋于稳定。能源自给率在 2030 年以前保持在 80% 以上，2030 年后两种路径下均能维持较高水平，基本符合我国能源安全规划的目标。石油对外依存度在 2030 年前持续上升，2030 年后保持在 70% 以下水平。天然气对外依存度在 2040 年前快速上升，达到 40% 以上，其后在不同路径下呈现不同演化趋势。

相比常规转型路径，再电气化路径下能源安全更有保障。常规转型路径下，能源自给率持续下降，安全保障面临挑战；再电气化路径下，随着能源需求下降、产量增加等因素影响，能源自给率明显高于常规转型路径，并在 2030 年后开始进一步提高，能够超额实现国家能源安全规划目标。石油、天然气方面，常规转型路径下，对外依存度分别为 70% 左右、60% 以内，并保持缓慢增长态势。再电气化路径下，石油、天然气对外依存度分别保持 65% 左右、45% 以内，分别在 2030 年、2040 年后开始平稳下降。

（a）石油对外依存度变化   （b）天然气对外依存度变化   （c）能源自给率变化

━━ 常规转型情景   ━━ 再电气化情景

图4-35 能源高质量发展的路径对比：安全保障指标演化趋势图

上述分析表明，未来我国能源系统将向着能效高、结构优、安全有保障的方向发展。能源消费总量逐步得到控制，能源供应结构持续优化升级，能源对外依存度逐渐趋于稳定。能源高质量发展将切实保障国民经济和社会发展要求，充分满足人民对美好生活的向往，有力支撑我国建成富强民主文明和谐美丽的社会主义现代化强国。

再电气化在能源高质量发展中起到至关重要的作用。从供应角度来看，随着风能、太阳能的开发利用成本持续降低，未来清洁能源成为一次能源供应主体是大势所趋，而 80% 以上的清洁能源需要转换为电能得以利用，或以电力为配置载体进一步转换为热能、氢能等能源形式。从需求角度来看，电力具有终端利用效率高、终端使用无排放、基本不存在对外依存的特点，必将成为能源消费的主要形态，化石能源最终将逐步回归工业原材料属性，未来动力资源的主要增量是电力。因此，**相对常规转型路径，再电气化路径在能效、结构、安全保障等方面都表现出更加符合能源高质量发展要求的特征，是我国能源实现高质量发展的必然选择。**

在我国经济社会向高质量发展全面转型的背景下，创新引领、绿色发展、能源体制机制改革等为能源高质量发展提供了机遇和动力，同时，转型发展中可能面临的问题和不确定性也对再电气化路径实施提出了挑战。着眼于构建清洁低碳、安全高效的现代能源体系以及现代能源治理体系，分析再电气化路径实施可能面临的挑战，可以为超前研判能源发展态势和制定引导政策提供参考。

（1）**如何把握能源清洁低碳转型相关政策的实施力度。** 我国能源高质量发展需要扎实有效推进绿证、配额制、碳交易、电能替代等能源转型相关政策，促进能源结构优化，降低污染物和温室气体排放。但上述政策大多会增加能源系统成本。结合我国当前发展所处阶段，如何有效把握能源利用的环境外部成本内部化与终端用户降成本的关系、做好能源供应清洁性与经济性的平衡，需要决策者审慎考虑。

（2）**能否从全局角度破解多元利益格局下的体制束缚问题。** 当前我国不同省份间、不同能源系统间以及系统不同环节间均存在一定壁垒，对清洁能源消纳利用与能源系统整体效率产生了负面影响。如果相关体制机制障碍长期无法得到破除，将成为我国能源高质量发展的阻力。如何从全局角度谋篇布局、集成优化，对实现能源转型至关重要。例如，如何从电力系统整体角度看待新能源的发展，如何从能源系统整体角度把握电、气、热等不同能源品类的关系，如何从国家整体角度处理能源生产地与消费地的利益平衡。上述问题皆需从全局角度统筹考虑。

（3）**如何建立健全支撑能源资源优化配置的市场机制。** 能源电力系统中的各类元素高效参与系统运行、实现能源资源灵活优化配置，要求电力、油气等领域的市场化改革进一步向纵深推进，充分发挥市场在配置资源中的决定性作用。尤其是当前为推动清洁能源高效消纳利用，亟待在辅助服务市场、现货市场、跨省跨区交易规则等方面实现突破，并在不断应用中逐步完善。市场机制的建立需要立足中国国情，蹄疾步稳地推进相关改革。

（4）**能源与电力系统关键技术进步预期能否顺利实现。** 建成清洁低碳、安全高效的能源体系，尤其是建设高比例新能源电力系统与综合能源系统，需要充分研究系统运行特性与关键支撑技术。特别是新能源发电、储能等技术的经济竞争力是关系到其能否实现大规模发展应用的重要条件。另外，大云物移智等先进信息技术如何与能源电力系统调控运行技术实现有效融合，也将对我国能源高质量发展产生一定影响。相关技术进步需要产业政策引导支持，但需把握好政策扶持与市场倒逼的关系。

4.3.4 政策建议

（1）贯彻新发展理念，结合我国实际国情，稳步推进能源清洁低碳转型相关政策，将电气化水平列入衡量社会主义现代化的重要指标，推动再电气化战略上升为国家战略。

（2）打破我国能源全局优化发展面临的壁垒，坚持规划先行，切实保障能源发展和电力发展规划的权威性，加大对各专业、各地区规划之间的协调力度，发挥好电力系统在能源转型中的核心作用，发挥好电网在电力系统中的枢纽平台作用。

（3）坚持全面深化能源领域市场化改革，逐步破除阻碍能源由高速发展向高质量发展的体制机制弊端，加快推进混合所有制改革，尽快建立完善辅助服务市场、现货市场等机制，有效激发各类市场主体活力，充分发挥市场在资源配置中的决定性作用。

（4）将创新作为引领能源行业转型发展的第一动力，围绕新一代电力系统等领域的关键问题布局国家重大技术研发计划，建立以能源企业为主体、市场为导向、产学研深度融合的绿色技术创新体系，以技术创新支撑能源高质量发展。

附录 A　模型方法

国网能源研究院在能源研究统一平台基础上，构建了以电为核心的中国经济－能源－环境一体化模型，开发并集成了经济预测、电力需求预测、能源需求预测、电力系统规划、电力生产模拟、碳排放等功能模块，可以根据研究需求实现灵活应用和实时发布。

这一模型体系突出"电为核心"的能源系统观，全面考虑需求、供应、中间转换及末端碳排放环节，构建一体化的电力源－网－荷－储协调规划模型，同步求解各区域各类电源、跨区输电通道、需求侧资源与储能容量规划，可以展望电力系统综合优化条件下的能源供需格局。

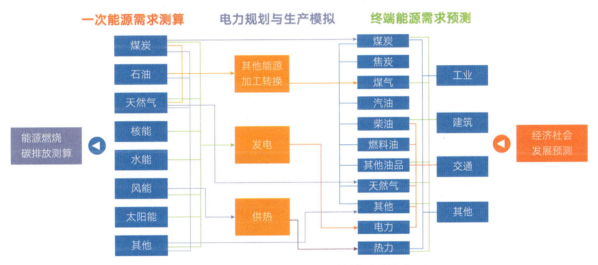

图A-1　中国经济－能源－环境模型联结主界面

为反映不同发展路径下的中国能源需求、供应、电力跨区流动和碳排放情景，本报告分析模型主要包括终端能源需求预测、电力供应优化、一次能源需求预测、能源利用碳排放预测几个部分。

A.1　经济社会发展预测

经济社会发展预测采用平台集成的经济模型结果，由中国社会科学研究院开发，采用联列方程模型对中国经济中长期发展进行展望。报告采用基准情景结果，为突出能源系统发展转型，经济增速和主要结构作为边界条件不发生变化。考虑两个情景下电力部门固定资产投资需求差别，以及共享经济对上游基础工业产品的需求影响，对关键高耗能产品产量进行适量调整。

A.2　终端能源需求预测

终端能源需求预测以 LEAP 模型为基础构建四部门模型。其中：

（1）工业部门包含 30 个细分行业。黑色金属、有色金属、化工和建材等高耗能行业采用以生产工艺为基础的产品单耗法，其他行业采用产值单耗法进行预测。各行业产品产量和产值增长由经济预测模型得出。

（2）建筑部门分为城市住宅、农村住宅和公共建筑三大类。根据各类建筑的能源服务需求类型（照明、采暖、制冷、热水、电器/设备、炊事）、单位面积有效能需求、供能技术结构（燃煤、燃气、用电、集中供热、热泵、太阳能等）预测。各类型建筑面

积增长与服务业、建筑业产值增长相关，并影响建材行业主要产品产量增长。

（3）交通部门包括航空、航运、铁路、公路交通四种运输方式，客运和货运两种运输类型。每种运输方式根据周转量、运输结构和单位能耗水平进行预测。

（4）其他部门包括农业和建筑业❶。采用产值单耗法、单位施工面积能耗水平分别预测两个行业用能增长。

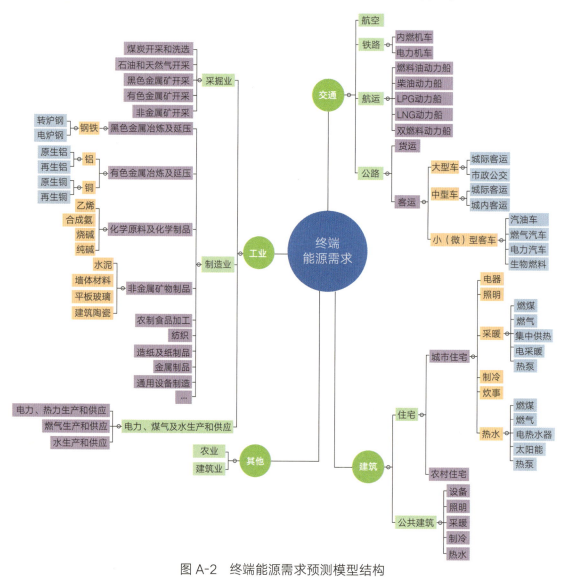

图 A-2　终端能源需求预测模型结构

---

❶ 中国能源统计口径中第二产业包含工业和建筑业，此处建筑业即为该统计项，指建筑活动用能。而建筑部门用能包括统计口径中的第三产业（不含交通运输业）和居民用能，以及第一产业、工业、交通运输业中和建筑用能相关的部分。

终端用能类型包括煤、油、气、电、热和其他能源等六大类。其中，工业部门将煤炭细分为原煤、洗煤、焦炭和煤气四类；交通部门将油品细分为汽油、柴油、燃料油、煤油、液化石油气五类。考虑电力需求结构变化，研究在年度电量需求之外还预测了用电负荷变化。能源需求模块可以反映用能技术和能源政策对终端能源需求的影响。

A.3　多区域电力系统源-网-荷-储协调规划

电力规划采用项目组自主研发的多区域

电力系统源-网-荷-储协调规划模型求解。该模型基于终端能源需求预测中的电力需求结果，对规划期内中国各区域各类电源、跨区输电通道、需求响应、能效电厂、储能等电力系统各个部分进行统筹规划，得到中国电力整体最优发展路径。模型程序共包括 10000 余个公式，45000 余个外生变量及 7000 余个内生变量。模型原理示意图如下所示。

图 A-3　电力系统源-网-荷-储协调规划模型示意图

A.4　多区域电力系统源-网-荷-储协调生产模拟

基于中国电力规划结果，利用项目组自主研发的源-网-荷-储协调生产模拟模型

进行系统运行状态优化模拟，一是对主要水平年源-网-荷-储协调规划展望方案进行校验，二是对主要水平年中国电力系统运行方式进行展望。该模型可同步求解中国七大

区域电网模拟期内典型日各类电源出力、跨区输电通道输送功率、各区域需求响应与储能出力的最优解。模型程序共包括 36000 余个公式，约 160000 个外生变量及约 32000 个内生变量。模型原理示意图如下所示。

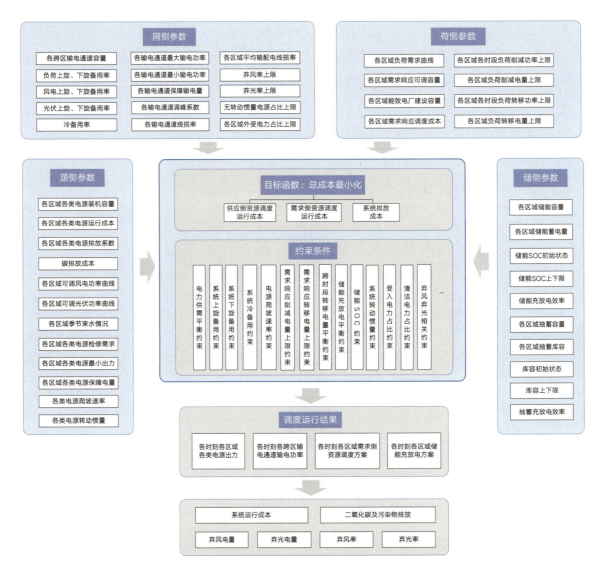

图 A-4　电力系统源 – 网 – 荷 – 储协调生产模拟模型示意图

A.5　一次能源需求预测

在终端能源需求预测基础上测算一次能源需求，需要考虑能源加工转换环节的能源投入和损失情况。电力作为最主要的能源转换品种，在电力规划模型中已经得到结果。对于其他能源品种，报告主要考虑供热、煤炭洗选和炼焦、炼油环节的转换损失，以及其他损失量。

A.6　能源燃烧碳排放测算

在一次能源需求预测基础上，根据化石燃料平均排放系数估算能源燃烧带来的二氧化碳排放量。

附录 B　部门调整说明

中国能源统计以行业划分为主，建筑部门和交通部门能耗分散在各行业中，因此在构建终端能源需求预测模型时，首先对用能部门的基础数据进行调整。参考王庆一[1]、国家发展改革委能源所[2]、能源基金会[3]等研究，对 2015 年中国能源统计数据主要进行以下调整：

（1）第一产业中，全部煤炭和热力划入建筑部门，99% 汽油和 10% 柴油划入交通部门；

（2）建筑业中，全部煤炭和热力划入建筑部门，98% 汽油和 30% 柴油划入交通部门；

（3）工业部门能源消费量中，3% 原煤消费量划入建筑部门，80% 汽油和 26% 柴油划入交通部门；

（4）交通运输、仓储和邮政业中，全部煤炭、30% 液化石油气、65% 天然气和电力划入建筑部门；

（5）第三产业（不包括交通运输、仓储和邮政业）中，98% 汽油和 30% 柴油划入交通部门；

（6）居民生活能源消费中，所有汽油和 96% 柴油划入交通部门。

平衡差额中，全部煤炭、其他煤气、液化石油气、热力划入建筑部门，全部汽油、柴油划入交通部门，其余能源划入工业部门。

[1] 王庆一 . 按国际准则计算的中国终端用能和能源效率 [J]. 中国能源 , 2006(12):5-9.
[2] 国家发展和改革委员会能源研究所 , 美国劳伦斯伯克利国家实验室 , 美国落基山研究所 , 能源基金会 . 重塑能源 : 中国 [M]. 北京 : 中国科学技术出版社 , 2017.
[3] 能源基金会 , 中国建筑节能协会 , 重庆大学 . 中国建筑能耗研究报告 2016[M]. 北京 , 2016.

附录 C　数据来源

经济和能源数据主要来源为中国统计年鉴和中国能源统计年鉴。结合数据统计口径调整和数据校核，对部分数据进行了处理。

燃料热值的 NCVi 来自《中国能源统计年鉴》《公共机构能源消耗统计制度》等国内统计资料；燃料潜在排放因子来源于《2006 IPCC Guidelines for National Greenhouse Gas Inventories (Volume 2 Energy)》。

电力部分数据主要来源于《全国电力工业统计快报》《电力工业统计资料汇编》《电力发展"十三五"规划》、各省电网"十三五"发展规划、《关于调整光伏发电陆上风电标杆上网电价的通知》、全国各省煤电上网标杆电价，国家电网公司发展部和国调关于电网规划与运行的有关数据，国网能源研究院能源研究统一平台、国网能源研究院电力供需实验室，国际能源署、国际可再生能源署、彭博新能源财经等有关出版物。

参考文献

[1] 国家统计局.中国统计年鉴 2017[R]. 北京：中国统计出版社，2017.

[2] 国家统计局.中国能源统计年鉴 2017[R]. 北京：中国统计出版社，2017.

[3] 中国电力企业联合会.2017 年全国电力工业统计快报 [R]. 2018.

[4] 中国电力企业联合会.2017 电力工业统计资料汇编 [R]. 2018.

[5] 中国电力企业联合会.中国电力行业年度发展报告 2018[R]. 北京：中国电力出版社，
     2018.

[6] 中国建筑节能协会，重庆大学，等.中国建筑能耗研究报告 2017[R]. 北京，2017.

[7] 国家信息中心分享经济研究中心课题组.中国共享经济发展年度报告（2018）[R]. 2018.

[8] 中国石油集团经济技术研究院.2050 年世界与中国能源展望 [M]. 北京，2017.

[9] 中国能源中长期发展战略研究项目组.中国能源中长期（2030、2050）发展战略研究：
     综合卷 [M]. 北京：科学出版社，2011.

[10] 中国能源中长期发展战略研究项目组.中国能源中长期（2030、2050）发展战略研究：
      可再生能源卷 [M]. 北京：科学出版社，2011.

[11] 中国能源中长期发展战略研究项目组.中国能源中长期（2030、2050）发展战略研究：
      节能·煤炭卷 [M]. 北京：科学出版社，2011.

[12] 中国能源中长期发展战略研究项目组.中国能源中长期（2030、2050）发展战略研究：
      电力·油气·核能·环境卷 [M]. 北京：科学出版社，2011.

[13] 国务院发展研究中心，壳牌国际有限公司.中国中长期能源发展战略研究 [R]. 北京：中
      国发展出版社，2013.

[14] 国家发展和改革委员会能源研究所，美国劳伦斯伯克利国家实验室，美国落基山研究
      所，能源基金会.重塑能源：中国 [M]. 北京：中国科学技术出版社，2017.

[15] 林卫斌.能源数据简明手册 2018[M]. 北京：经济管理出版社，2018.

[16] 王广德.煤炭工业统计常用指标计算办法 [M]. 北京：煤炭工业出版社，2012.

[17] 刘世锦.中国经济增长十年展望（2018－2027）[M]：中速增长与高质量发展.北京：
      中信出版社，2018.

[18] 中国可再生能源电力并网研究协作组，国家可再生能源中心.高比例可再生能源并网与
      电力转型 [R]. 北京：中国电力出版社，2017.

[19] 国际能源署 . 世界能源展望中国特别报告（中国能源展望 2017）[R]. 北京：石油工业
     出版社，2018.

[20] 张运洲，等 . 中国非化石能源发展目标及其实现路径 [M]. 北京：中国电力出版社，
     2013.

[21] 朱彤 . 能源互联网研究课题组 . 能源互联网发展研究 [M]. 北京：清华大学出版社，
     2017.

[22] 陈允鹏，黄晓莉，杜忠明 . 能源转型与智能电网 [M]. 北京：中国电力出版社，2017.

[23] 戴彦德，康艳兵 . 2050 中国能源和碳排放情景暨能源转型与低碳发展路线图 [M]. 北
     京：中国环境出版社，2018.

[24] 王庆一 . 按国际准则计算的中国终端用能和能源效率 [J]. 中国能源，2006(12): 5-9.

[25] 李俊峰 . 去煤化是世界能源发展趋势 [J]. 中国电力企业管理，2013(23): 83-86.

[26] 于学华 . 两会话能源·煤炭篇 [EB/OL]. 中国电力新闻网，2018-03-12.

[27] 中国工业和信息化部 . 公共机构能源资源消耗统计制度 [S]. http://www.miit.gov.cn/
     n1146285/n1146352/n3054355/n3057853/n3057862/c5859207/content.html.

[28] IPCC. 2006 IPCC Guidelines for National Greenhouse Gas Inventories (Volume 2
     Energy)[EB/OL]. https://www.mendeley.com/research-papers/2006-ipcc-guidelines-
     national-greenhouse-gas-inventories-volume-2/.

[29] IEA. Medium-Term Renewable Energy Market Report 2016[R]. 2016.

[30] IEA. World Energy Balances 2018[R]. 2018.

[31] IEA. Market Report Series: Energy Efficiency 2018[R]. 2018.

[32] IEA. World Energy Statistics 2018[R]. 2018.

[33] IRENA. The Power to Change: Solar and Wind Cost Reduction Potential to 2025[R].
     2016.

[34] IRENA. Renewable Energy Prospects: China[R]. 2014.

[35] IRENA. Renewable Power Generation Costs in 2017[R]. 2018.

[36] BNEF. New Energy Outlook 2018[R]. 2018.

[37] BP. BP Statistical Review of World Energy 2017[R]. 2017.